La «conquête de l'espace» restera, dans les siècles à venir, comme l'un des plus grands accomplissements du XXe siècle, qui change à jamais le cadre des activités humaines. Il s'agit bien sûr d'une prodigieuse aventure scientifique et technique, mais sa signification profonde va bien au-delà de l'exploit technologique. En échappant à la gravité terrestre, l'humanité franchit une nouvelle étape, décisive, dans ses relations millénaires avec le cosmos.

Avant de comprendre l'univers, avant de s'y aventurer, les hommes l'ont imaginé, l'ont rêvé, mus par un intense désir, une véritable passion. Comment expliquer autrement l'intuition des Babyloniens, qui attribuèrent aux étoiles et aux planètes une influence sur l'existence humaine? Si l'activité qui naquit de cette intuition, l'astrologie, n'est pas scientifiquement fondée, la démarche témoigne d'une fascination pour les cieux, mêlée de curiosité envers l'avenir. Les philosophes grecs, les astronomes de la Renaissance, les savants du monde moderne ont peu à peu découvert les lois et l'immensité de l'univers. Mais sans l'imagination des poètes, des écrivains, des dessinateurs, des cinéastes, des visionnaires, les hommes n'auraient pas désiré se rendre sur la

Lune, partir explorer Mars avant, sans doute, de s'élancer vers les étoiles... Cyrano de Bergerac et Fontenelle avant-hier, Jules Verne et H. G. Wells hier, Stanley Kubrick et George Lucas aujourd'hui, ont poussé les hommes à prendre conscience de leurs aspirations cosmiques. La conquête spatiale est le fruit de la rencontre de la technique et du rêve, «du chiffre et du songe» selon l'expression de Victor Hugo...

La technique elle-même ne se serait pas développée sans l'intérêt que les hommes ont porté au cosmos : c'est la régularité des mouvements célestes qui a donné aux philosophes grecs l'idée que le monde est explicable ; c'est la recherche des causes de ces mouvements qui a conduit Newton à découvrir les lois de la mécanique, fondements de la science et de la technologie modernes. Plus tard, au XXe siècle, l'application de ces mêmes lois permettra la création des fusées spatiales, d'abord conçues par les grands pionniers de l'astronautique, Constantin Tsiolkovsky, Robert Goddard et Hermann Oberth, puis réalisées par Wernher von Braun et Sergueï Korolev, qui feront entrer l'humanité dans l'ère spatiale.

Le premier des trois volumes de cette «autre histoire de l'espace» raconte comment, de l'Antiquité à 1961, les hommes ont entendu *L'Appel du cosmos*, construit les premières fusées, et finalement envoyé l'un des leurs autour de la Terre. Le deuxième tome, *Hommes et robots dans l'espace*, fait le récit de la compétition spatiale qui a été l'un des grands affrontements de la «guerre froide», et a conduit à la conquête de la Lune, aux satellites espions, à la navette, aux stations orbitales, etc. Le dernier volume est consacré à l'avenir, et d'abord au XXIe siècle, qui verra la naissance du *Village interplanétaire*, nouveau cadre de vie d'une humanité au destin cosmique.

Alain Dupas

UNE AUTRE HISTOIRE DE L'ESPACE / 3

Le village interplanétaire

ALAIN DUPAS

DÉCOUVERTES GALLIMARD
UNE AUTRE HISTOIRE

Sommaire

1 L'âge des satellites 6

Sources 34

La conquête de l'espace trouve vite des applications pratiques : dès 1969, un réseau de satellites permet aux hommes du monde entier de partager les mêmes images télévisées et de communiquer entre eux. En l'an 2000, les satellites de télécommunications sont omniprésents : pour la télévision et la radio numériques, le téléphone mobile, la téléphonie rurale. Les plates-formes d'observation de la Terre révolutionnent la météorologie, la climatologie, la cartographie, l'agriculture, l'océanologie… En quatre décennies, l'espace a changé le monde et la vie.

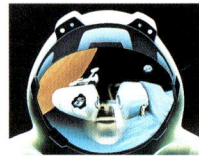

2 Tous ensemble dans le cosmos 36

Sources 64

La Station spatiale internationale sera complètement assemblée en 2004; les astronautes disposeront alors d'un laboratoire sans précédent pour effectuer des recherches en microgravité. Mais un tel effort est-il justifié ? Et doit-il se poursuivre, comme le prévoient les plans de la NASA, par un retour de l'homme sur la Lune, puis une mission habitée sur Mars ? Les technologies spatiales au début du XXIe siècle sont beaucoup trop coûteuses pour cela. Les sondes automatiques, en revanche, bénéficient pleinement des progrès de l'électronique et de l'informatique. De plus en plus petits, performants et économiques, les robots vont dominer l'exploration du système solaire dans les prochaines décennies. Les êtres humains sauront-ils se contenter de découvrir les astres par machines interposées ?

3   Les rêves des nouveaux pionniers 68
   Sources 88

L'exploitation des richesses du cosmos permettra-t-elle de justifier et d'accélérer l'expansion humaine dans l'espace, reléguée à un lointain futur par le conservatisme des plans de la NASA? Les nouveaux pionniers du cosmos le croient comme en témoignent leurs rêves pharaoniques. Peter Glaser imagine des centrales solaires spatiales capables d'alimenter la Terre en énergie. Gerard O'Neill rêve d'installer des colonies spatiales exploitant les «matériaux extraterrestres». Robert Zubrin affirme que l'on peut envoyer des astronautes sur Mars d'ici dix ans avant de transformer un jour la planète rouge en une nouvelle Terre : Mars la Bleue.

4   L'humanité face à l'univers 92
   Sources 114

Grâce à des technologies nouvelles, comme le moteur-fusée à antimatière, les voyages dans le système solaire deviendront faciles et rapides avant la fin du XXIe siècle, pour les robots avancés du futur comme pour les humains. L'humanité se trouvera alors face aux gouffres immenses qui séparent le Soleil des autres étoiles. Pour qu'elle les franchisse un jour, il faudrait une révolution dans la physique. Découvrira-t-elle des indices ou des preuves de l'existence d'autres vies, d'autres intelligences? Établira-t-elle le contact avec d'autres civilisations galactiques? L'homme s'est engagé sur les chemins du cosmos, mais il ne sait pas encore quel destin l'y attend.

Annexes 120

   Bibliographie 120

   Table des illustrations 121

   Index 125

1 L'âge des satellites

EN QUATRE DÉCENNIES, LES ACTIVITÉS SPATIALES ONT CHANGÉ LA VIE SUR LA TERRE. LES SATELLITES DE TÉLÉCOMMUNICATIONS ONT RENDU POSSIBLES DES LIAISONS PRESQUE INSTANTANÉES À TRAVERS ET ENTRE LES CONTINENTS. L'OBSERVATION DES TERRES ET DES MERS DEPUIS LE COSMOS PERMET DE MIEUX CONNAÎTRE ET DE SURVEILLER L'ENVIRONNEMENT.

Double page précédente :
Satellite ERS-1,
au-dessus des Pays-Bas,
photomontage.

Antennes paraboliques
à Lezha, Albanie.

L'âge des satellites

Les grands précurseurs de l'astronautique qui avaient rêvé de voyages spatiaux au long cours vers la Lune et les planètes ou d'utilisations militaires des stations orbitales n'avaient pas prévu les applications pratiques de la conquête de l'espace. Pourtant, au tournant du millénaire, ces retombées sont devenues la partie la plus dynamique du secteur spatial. Alors que les projets scientifiques, les programmes d'exploration, les vols habités et les missions de sécurité voient leurs moyens stagner ou même régresser, le recours aux satellites de télécommunications et de navigation est en pleine expansion.

Le commerce de l'espace

L'espace devenu utile engendre une activité commerciale pour l'essentiel financée par des opérateurs privés, vendant des produits et des services dans le monde entier. Même l'observation de la Terre, jadis chasse gardée des organisations spatiales publiques, civiles et militaires, se commercialise peu à peu. L'émergence du marché comme acteur majeur du secteur spatial est un changement considérable, intervenu pendant les années 1990, qui va s'accentuer pendant les années 2000. Avant 2010, le chiffre d'affaires des activités spatiales commerciales dépassera les budgets spatiaux publics de l'ensemble des pays du monde !

Ce succès s'explique essentiellement du fait que les capacités des satellites concordent avec les deux

Pour faire face à la croissance des besoins de télécommunications, les satellites géostationnaires sont de plus en plus lourds et complexes. Les plus gros ont, au départ de la Terre, une masse d'environ 5 tonnes, et leurs immenses panneaux solaires, d'une envergure de plusieurs dizaines de mètres, fournissent des puissances dépassant 15 kW. Lorsque le satellite est en orbite, on ne peut ni le modifier ni le réparer. Tout doit donc être au point avant le lancement, pour que les engins fonctionnent parfaitement pendant douze à quinze ans. D'immenses installations sont nécessaires pour les construire et les tester. Cette vaste « chambre anéchoïque », dont les parois absorbent les ondes radio, permet de déterminer comment les antennes des engins spatiaux rayonneront dans l'espace.

grandes révolutions du monde actuel : le développement de la «société de l'information» et la globalisation. Les engins spatiaux qui tournent autour de la Terre sont avant tout des machines informationnelles : ils collectent, reçoivent, diffusent des informations, qu'il s'agisse de photographies de la Terre, de trafic téléphonique, d'émissions de télévision ou de radio, de liaisons Internet. En outre, les trajectoires qu'ils parcourent autour du globe leur permettent d'accéder à n'importe quel point de la planète : par essence, les satellites sont des outils globaux.

Topographie des océans, reconstituée à partir de mesures prises par le satellite ERS-1. Tests de satellite en chambre anéchoïque.

October 1945 **Wireless World**
EXTRA-TERRESTRIAL RELAYS
Can Rocket Stations Give World-wide Radio Coverage?

L'orbite de Clarke

Bien avant le lancement de Spoutnik en 1957, un homme a pressenti la révolution que l'espace pouvait apporter dans le domaine des télécommunications : Arthur C. Clarke, qui allait devenir l'un des plus grands auteurs de science-fiction du siècle, et acquérir une notoriété internationale comme scénariste du film *2001 : l'Odyssée de l'espace* de Stanley Kubrick (1968). En 1945, Arthur Clarke est encore un modeste ingénieur des Postes et Télécommunications britanniques lorsqu'il publie dans la revue *Wireless World* un article étonnamment visionnaire : il imagine un réseau de trois satellites artificiels, disposés à égale distance les uns des autres à 36 000 km au-dessus de l'équateur, et montre que ces engins spatiaux permettraient de relier entre eux deux points quelconques de la Terre, en dehors des zones polaires. Arthur Clarke vient d'inventer les réseaux mondiaux de liaisons spatiales, qui vont faire entrer les télécommunications dans une ère nouvelle pendant les années 1960. À l'époque, l'article de Clarke est passé presque inaperçu, mais l'idée a fait son chemin : en l'an 2000, ce ne sont pas moins de 250 satellites qui sont répartis tout au long des 265 000 km de l'« orbite géostationnaire », à 36 000 km d'altitude au-dessus de l'équateur. Celle-ci pourrait bien s'appeler un jour « orbite de Clarke », et, le temps passant, devenir un véritable anneau artificiel autour de la Terre.

Si Arthur Clarke a rêvé le réseau de satellites géostationnaires, le président des États-Unis John F. Kennedy a joué un grand rôle dans la naissance des télécommunications spatiales globales, en étant

Arthur C. Clarke ne s'est pas contenté d'imaginer les satellites de télécommunications dès 1945. Il en est devenu un grand utilisateur. Ébloui par la nature et les fonds marins de l'île de Ceylan, il s'est installé au Sri Lanka dans les années 1980, en restant connecté au reste du monde grâce à une antenne pointée sur un satellite. Il écrit là-bas ses romans de science-fiction. Très populaire chez les scientifiques et les ingénieurs, Arthur Clarke, comme Isaac Asimov, est respecté par les techniciens, qui le considèrent comme l'un des grands visionnaires de l'ère spatiale.

à l'origine de la création d'Intelsat, une organisation internationale vouée à la mise en place d'un réseau mondial de liaisons par satellites. Le président américain, assassiné en 1963, n'a pas vu le résultat de cette initiative, mais, clin d'œil de l'histoire, le premier événement retransmis par les télévisions du monde entier grâce aux satellites Intelsat a été le débarquement sur la Lune en juillet 1969.

Article de Arthur C. Clarke, dans *Wireless World,* 1945. Arthur C. Clarke vers 1968. La Coupe du Monde de football en direct, à Lagos (Nigeria), 13 juin 1998.

La révolution des télécommunications via le cosmos

Avant l'ère spatiale, aucune transmission de télévision n'était possible entre les continents, et les quelques câbles transocéaniques qui existaient ne pouvaient acheminer que quelques dizaines de conversations téléphoniques. En très peu d'années, le satellite a tout changé pour la télévision, le téléphone ou le télex. Comme l'avait prévu Clarke, la mondovision a été rendue possible par l'utilisation de trois satellites Intelsat : un au-dessus de l'Atlantique ; un second à la verticale de l'océan Indien et le troisième au-dessus du Pacifique.

Dans le monde entier, des centaines de millions de téléspectateurs ont pu suivre en direct les péripéties du «Mondial» de 1998. Les supporters des équipes de football vibraient ainsi à l'unisson du Stade de France. Grâce aux satellites de télécommunications, la télévision est globale.

Les hommes ont été soudain plus proches et ont pu partager, à travers les continents, les mêmes émotions, les mêmes joies, les mêmes indignations. Des grands rendez-vous, comme les jeux Olympiques, ou la Coupe du Monde de Football, sont suivis par des centaines de millions de téléspectateurs. Les images des catastrophes, des conflits, sont de même transmises instantanément à travers le monde. L'impact culturel et politique de ces nouvelles possibilités techniques est gigantesque. Il a, sans aucun doute, joué un rôle dans la désintégration de l'Union soviétique et du Rideau de fer qui isolait l'Europe de l'Est : les régimes totalitaires ont davantage de mal à se maintenir dans un monde où l'information circule à la vitesse de la lumière.

La concurrence des câbles à fibre optique

Les satellites, qui constituaient presque le seul moyen de transporter la voix et les images d'un continent à l'autre, d'un pays à l'autre, ont été récemment supplantés par une autre innovation technique : les câbles à fibre optique, qui relient toutes les grandes régions économiques du globe. Ces câbles présentent un double avantage : ils peuvent transporter davantage d'informations (bientôt des terabits/seconde, pour certains, ce qui équivaut à 100 000 canaux de télévision numérique) ; d'autre part, ils acheminent ces informations plus rapidement, car le détour par un satellite géostationnaire, à 36 000 km d'altitude, représente un délai d'environ une demi-seconde.

Est-ce à dire que les systèmes spatiaux de télécommunications sont moribonds ? Pas du tout : tout d'abord, des dizaines de pays en développement, en Afrique, en Amérique du Sud, en Asie, ne sont encore reliés au reste du monde que *via* l'espace ;

Les fibres optiques qui transportent des informations dans des faisceaux de lumière mettent à mal la glorieuse technologie spatiale : une seule fibre, de l'épaisseur d'un cheveu, peut acheminer dix fois plus d'informations qu'un satellite ! On peut en outre placer plusieurs dizaines de fibres dans un même câble.

Fibres optiques. Salle de contrôle des chaînes de télévision numérique chez Astra, Betzford, Luxembourg.

ensuite, les engins spatiaux ont trouvé bien d'autres applications que l'interconnexion des réseaux de communication des grands opérateurs mondiaux.

À la rencontre des particuliers

L'un des nouveaux usages les plus répandus des engins spatiaux est la diffusion directe de la télévision vers les particuliers. Depuis son orbite géostationnaire, le satellite peut «arroser» un pays tout entier, voire un continent, avec des dizaines ou des centaines de programmes de télévision numérique. Aux États-Unis, en l'an 2000, près de 10 millions d'abonnés sont équipés de la petite parabole qui permet de recevoir les «bouquets numériques» retransmis par les satellites DirecPC et Echostar. En Europe, les satellites Astra de la société luxembourgeoise SES et les Eutelsat de l'organisation européenne du même nom connaissent un succès comparable. Des systèmes de télévisions spatiales s'installent aussi en Asie et en Amérique du Sud.

S'ils sont durement concurrencés par le câble pour les liaisons «point à point» (connexion Paris-New York par exemple), les satellites restent imbattables pour les liaisons «point à multipoints», comme la distribution de la télévision d'une station d'émission vers de multiples utilisateurs. Cet avantage explique le succès de la télévision spatiale. Ainsi le centre de contrôle des satellites Astra, au Luxembourg, peut diffuser des centaines de canaux de télévision dans de nombreux pays européens.

Le satellite a l'avantage de la rapidité : aucune infrastructure terrestre, lourde et coûteuse, n'est nécessaire; chaque abonné achète ou loue simplement un décodeur et une parabole, oriente celle-ci et reçoit immédiatement une émission de haute qualité visuelle et sonore. L'installation, ou la modification, de réseaux câblés ou hertziens est beaucoup plus longue. De ce fait, des «bouquets numériques», tirant parti de la nouvelle technologie de la télévision née au cours des années 1990, ont pu être proposés bien plus vite sur les réseaux spatiaux que sur les réseaux terrestres : c'est le cas de Canal-Satellite et de TPS en France. Certes, au début des années 2000, l'offre de télévision numérique s'étend peu à peu aux réseaux câblés et hertziens, mais les systèmes spatiaux conservent un autre atout : le fait qu'ils puissent être reçus partout, avec la même qualité, sur tout un pays ou un continent, dans les régions montagneuses comme au fin fond des campagnes, là où le câble n'ira jamais et où la réception hertzienne n'est pas toujours très bonne.

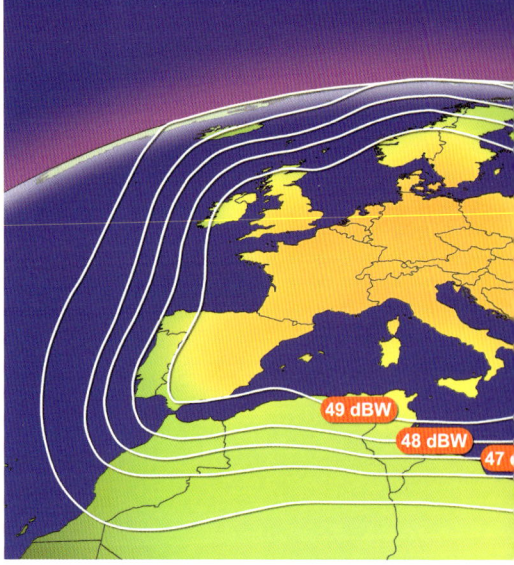

Sur ce diagramme de couverture d'une antenne du satellite Hot Bird 1 d'Eutelsat, la zone centrale (de l'Espagne à la mer Noire, en passant par les îles Britanniques et la Scandinavie au nord, la Turquie et la Tunisie au sud), correspond à la qualité maximale de réception. D'autres traits délimitent des zones de plus en plus étendues, et d'une qualité de réception de plus en plus réduite, nécessitant une antenne de plus grand diamètre.

La radio numérique venue de l'espace

Avec le projet Worldspace, dont le premier satellite Afristar a été lancé en 1998, les trois grands continents en développement – l'Afrique, l'Amérique du Sud et l'Asie – vont passer à l'ère de la radio numérique venue de l'espace. Chaque satellite de Worldspace va diffuser une centaine de programmes de radio numérique, d'une qualité bien supérieure (celle d'un CD) aux

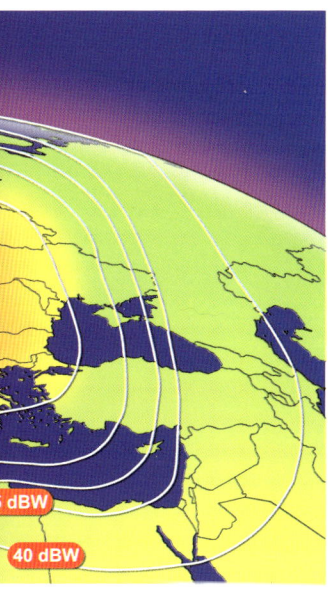

Carte de la couverture du satellite Hot Bird I, société Eutelsat.

émissions en modulation de fréquences. Ces programmes vont apporter divertissement et information dans de nombreuses langues. La radio numérique est aussi une radio de service (elle permet en particulier d'afficher des informations sur un écran). Elle sera largement disponible dans le tiers-monde avant d'arriver dans les pays développés. Aux États-Unis cependant, les réseaux XM Radio et CD Radio vont être disponibles au début des années 2000. Dans quelques années, toutes les voitures américaines seront équipées de récepteurs de radio numérique. Le Japon suit. En Europe, la radio numérique s'installe lentement, sur des réseaux terrestres, avec une faible couverture. Le satellite aiderait à faire mieux et plus vite.

Constellations de satellites et téléphonie cellulaire

Pour la téléphonie, ce ne sont plus des satellites géostationnaires qui jouent le premier rôle, mais des engins spatiaux évoluant près de la Terre, sur des orbites basses (moins de 1 000 km d'altitude) ou moyennes (environ 10 000 km d'altitude). Un choix qui a l'avantage de réduire le délai de transmission entre la Terre et l'espace, désagréable pour des communications téléphoniques. Ces satellites ne semblent pas immobiles : ils «défilent» dans le ciel. Pour que l'un deux, au moins, soit toujours visible d'un point quelconque du monde, il faut faire appel à un nombre élevé de satellites. On constitue ainsi une «constellation» qui encercle le globe. La première

Les premiers satellites de télécommunications, dans les années 1960, étaient dotés d'émetteurs de quelques watts, et d'une seule antenne couvrant environ le tiers de la Terre. Pour recevoir leurs signaux, il fallait des antennes de plus de 10 m de diamètre, très chères, que seuls possédaient les grands opérateurs de télécommunications. À la fin des années 1990, les satellites sont beaucoup plus puissants et possèdent en outre de multiples antennes, dont les faisceaux couvrent précisément le contour de certaines régions de la Terre. Résultat, une parabole de moins de 1 m de diamètre, vendue dans les supermarchés, suffit pour recevoir leurs émissions, et, partant, la télévision venue de l'espace.

constellation est devenue opérationnelle en novembre 1998 : il s'agit du système Iridium qui comprend 66 satellites, grâce auquel peuvent être établies des liaisons téléphoniques avec des téléphones portables dans toutes les régions de la Terre. Iridium est techniquement la plus avancée, mais aussi la plus chère, de toutes les «constellations téléphoniques» en projet. Elle a coûté près de 6 milliards de dollars et, de ce fait, son succès commercial n'est pas assuré. Mais d'autres constellations, plus simples, vont être mises en services entre 1999 et 2002 : Globalstar (48 satellites), ICO (12 satellites) et peut-être Ellipso.

La spécificité d'Inmarsat

Même si les constellations ont un avantage certain sur le plan du délai de transmission, il est possible de faire appel à des satellites géostationnaires pour établir une communication téléphonique. Intelsat n'a pas fait autre chose dans les années 1960 et 1970, avant l'ère de la fibre optique. Inmarsat, une autre organisation internationale, a créé au cours des trois dernières décennies un réseau global de liaisons téléphoniques

Téléphone mobile (Iridium) devant la Grande Muraille de Chine. Téléphone par satellite Inmarsat, chez les rebelles rwandais, 1994.

Avec le système Iridium, accessible au milieu des océans, comme des déserts ou de l'Antarctique, on peut téléphoner de partout, même sur la Muraille de Chine ! Mais rares sont les voyageurs ayant besoin de téléphoner depuis des régions très isolées. Et dans la plupart des villes du monde les téléphones portables du type GSM sont désormais disponibles.

pour les navires, puis pour les avions et les véhicules terrestres, autrement dit pour tous les «mobiles». Les téléphones Inmarsat sont devenus indispensables dans les courses transatlantiques, les rallyes, etc. Ce sont également des outils formidables pour les journalistes, et pour toutes les équipes de secours en cas de catastrophe naturelle : ainsi, lors du grand tremblement de terre de Kobé, les liaisons avec le monde extérieur ont pu être rétablies grâce à des téléphones Inmarsat. Il en est de même en cas de raz de marée, d'éruption volcanique, d'inondation...

Inmarsat va désormais être concurrencée par les nouvelles constellations, mais elle a démontré l'immense intérêt du satellite pour les liaisons «mobiles». De nouveaux systèmes géostationnaires de liaisons téléphoniques mobiles sont en développement ou en projet : ACES en Asie, Thuraya et EAST (un programme européen de Aérospatiale Matra) pour le Proche-Orient et l'Afrique. Équipés d'énormes antennes (plus de 10 m de diamètre), ces satellites offriront des liaisons à bas prix, par comparaison aux constellations, et devraient faciliter l'extension

Les pays en voie de développement ont de gigantesques besoins en télécommunications. Les nouvelles constellations de satellites, comme Iridium ou Globalstar, qui peuvent fournir des liaisons n'importe où sur les continents sont bien trop chères pour contribuer à la solution du problème : une minute de communication coûte plus d'un dollar, alors qu'il faudrait l'offrir dans ces pays pauvres à 5 ou 10 cents (30 ou 50 centimes) au plus. Même problème avec Inmarsat, qui a comme relais des satellites géostationnaires éloignés de 36 000 km, et propose des téléphones mobiles intégrés dans une mallette (le couvercle ouvert sert d'antenne), employés par des privilégiés ou lors des conflits. Cependant, des systèmes de téléphonie rurale abordables, utilisant des satellites géostationnaires, apparaissent, surtout en Amérique du Sud et en Asie. Des petits émetteurs-récepteurs (VSAT : Very Small Antenna Terminal) permettent de connecter au réseau téléphonique quelques téléphones à pièces ou à cartes installés chez le chef de village ou dans des boutiques.

d'une application fondamentale pour le développement du tiers-monde : la téléphonie rurale. «Un téléphone dans chaque village» : cet espoir, encore très éloigné aujourd'hui (l'Afrique ne compte par exemple, en moyenne, que moins de deux lignes téléphoniques par habitant), pourrait devenir rapidement une réalité grâce au satellite.

Pour Internet, le câble ou le satellite?

Avec la télévision, la radio, la téléphonie globale, le satellite a fait une entrée spectaculaire dans la nouvelle société de l'information. Ce n'est qu'un début. L'espace pourrait contribuer de façon significative à résoudre un problème de plus en plus criant : la «langueur» d'Internet. Il faudrait des liaisons plus rapides, capables d'acheminer en une fraction de seconde de très grandes quantités d'informations. Le câble offre naturellement une solution, mais il ne sera disponible ni rapidement, ni partout. Une solution «sans fil» serait idéale, pour des raisons de souplesse et de rapidité.

La technique spatiale offre une possibilité : en exploitant des fréquences très élevées, des satellites pourraient offrir aux utilisateurs du monde entier un accès rapide à Internet, et plus généralement aux réseaux qui vont tisser la toile de la société de l'information. Plusieurs projets existent : les réseaux géostationnaires Spaceway et Astrolink; les constellations Skybridge et Teledesic. Le marché potentiel est gigantesque. Des problèmes techniques restent à résoudre, mais le satellite se présente déjà comme l'une des clés pouvant ouvrir à l'humanité la porte d'un nouveau monde informationnel. Le système Teledesic, imaginé par l'un des grands visionnaires du monde des télécommunications, Craig McCaw, avec le soutien de Bill Gates, est peut-être représentatif de l'avenir des télécommunications spatiales : au départ, vers 2004, ce réseau devrait comprendre 288 satellites! Quelques années plus tard, il pourrait être constitué de 1 000 engins spatiaux.

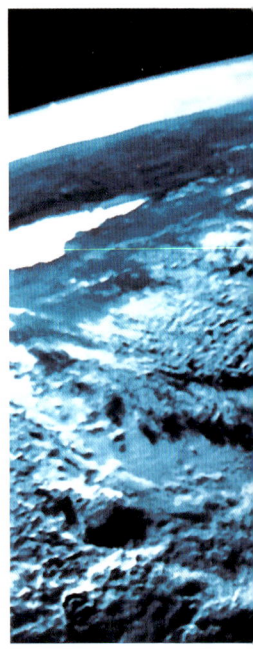

Constellation de satellites Skybridge, vue d'artiste.

L'orbite d'un satellite peut être dessinée comme un anneau encerclant la Terre. Les dizaines de satellites qui forment une «constellation» sont ainsi disposés sur plusieurs anneaux, répartis tout autour du globe. De cette manière, au moins l'un des satellites est toujours visible d'un point quelconque de la Terre. Ces constellations peuvent fournir des services globaux.

Le GPS : savoir où l'on est et où l'on va

La société de l'information inclut aussi les technologies de localisation et de navigation. Ces activités, longtemps réservées aux marins, aux aviateurs ou aux explorateurs, revêtent, évidemment, une très grande importance militaire et stratégique. Dans ce domaine aussi l'espace a apporté une vraie révolution. Des satellites peuvent devenir des sortes de « phares cosmiques », par rapport auxquels des bateaux, des avions, des voitures peuvent déterminer leur position n'importe où sur le globe.

Un système américain de « navigation par satellite » connaît aujourd'hui un immense succès : le système GPS (Global Positioning System, c'est-à-dire « système global de localisation »), développé pour les forces armées des États-Unis, mais mis gratuitement à la disposition des utilisateurs civils.

La « constellation » Skybridge est le plus important projet spatial privé engagé en Europe. Elle doit comprendre 80 satellites tournant à 1 469 km autour de la Terre. Au total, elle permettra à 20 millions d'abonnés de se connecter aux « autoroutes de l'information » avec des débits trente fois plus élevés que ceux possibles avec une ligne téléphonique traditionnelle. Ouvrant la porte à de nombreux services multimédia, comme la vidéo à la demande, le visiophone, le commerce électronique, la formation à distance, la télémédecine... Skybridge devrait être en service vers 2003, si son financement (plusieurs milliards de dollars!) est assuré. Cette constellation est représentative de celles qui apparaîtront dans les années 2000, et qui apporteront des connexions Internet rapides dans les coins les plus reculés de la planète.

Sa précision est stupéfiante : quelques dizaines de mètres en position comme en altitude. Le GPS fournit en outre la vitesse et la direction. L'impact de ce système sur le monde, sur la vie quotidienne, va être colossal. Déjà un avion peut se poser sans visibilité sur n'importe quel aéroport en se guidant sur les signaux GPS. Dans quelques années, le contrôle du transport aérien se fera entièrement grâce à ce prodigieux système. Les navires de plaisance, les camions, les autobus, les taxis commencent à être équipés : un récepteur GPS couplé à une carte électronique permet de savoir instantanément où l'on est. Demain, la voiture de «monsieur Tout-le-monde», ou presque, aura un terminal GPS.

La constellation GPS, qui comprend 24 satellites, fournit une couverture globale et est donc en

Système GPS, Napa Valley, Californie, 1998. Assistance GPS et conduite automobile. Montre intégrant le GPS.

Les usages du GPS sont très importants dans le domaine agricole, particulièrement pour l'»agriculture de précision». Ainsi, dans certains domaines vinicoles de Californie, l'état de la vigne est noté en fonction de sa position dans la propriété; un traitement adapté est ensuite appliqué.

particulier utilisable en Europe. Son contrôle est cependant exclusivement entre les mains des militaires américains. Que se passerait-il si les intérêts stratégiques des États-Unis divergeaient soudain de ceux de l'Europe, ou de tous les utilisateurs privés du GPS? Un système civil ne serait-il pas souhaitable? L'Europe s'oriente dans cette direction : elle a décidé en 1999 d'étudier un réseau appelé Galileo, qui pourrait compléter, et même remplacer, le système GPS.

Le récepteur GPS (ou Galileo) pour presque tous, c'est pour bientôt. Comme le téléphone spatial, la parabole recevant directement la télévision du cosmos, ou le poste de radio branché sur l'espace. Désormais, le satellite est en prise directe avec l'usager. L'âge des satellites, c'est aussi celui de l'«espace pour tous», né de la rencontre de deux mondes technologiques, celui de la micro-électronique «numérique» et celui des fusées et des satellites.

Grâce aux récepteurs GPS installés dans les voitures, on peut se retrouver dans la banlieue des grandes villes, aussi bien que dans un désert ou dans la jungle. Le satellite n'est pas le seul instrument de cette révolution en marche. Les progrès des circuits électroniques et des micro-ordinateurs sont tout aussi importants. Sans eux, les récepteurs GPS coûteraient encore des dizaines de milliers de francs, et seraient réservés aux militaires et à quelques professionnels. Mais, en l'an 2000, on trouve des terminaux GPS portables pour environ 1 000 francs. Il est même possible d'intégrer un système GPS dans une montre!

Surveiller le globe

Les satellites jouent également un rôle essentiel dans ce domaine d'une grande importance pratique. L'observation de la Terre est d'abord un secteur vital pour la sécurité militaire qui, dans le monde d'après la «guerre froide», est synonyme de surveillance. Pour prévenir les crises, il faut en déceler les signes avant-coureurs. Pour vérifier le respect des accords de paix ou de désarmement, il faut pouvoir détecter les violations, même camouflées. Pour conduire des actions de rétorsion ou de maintien de la paix, il faut parfaitement connaître le théâtre des opérations et fournir aux troupes sur le terrain des informations aussi précises que possible, ainsi que des moyens de navigation et de communications performants. La lutte contre les diverses formes de terrorisme, la prolifération des armes de destruction massive, ou même le trafic de la drogue, passe par la disponibilité de renseignements sur les hommes, les filières, les installations, les mouvements.

Dans le «nouvel ordre international», le devoir d'ingérence s'impose dans certains cas : vis-à-vis des pays agresseurs, comme l'Irak en 1990 au Koweit; vis-à-vis des nations qui maltraitent, déportent, massacrent des minorités ethniques comme la Serbie, ou de celles développant des armements nucléaires, biologiques ou chimiques «proliférants», comme la Corée du Nord. Les systèmes spatiaux apportent alors des informations essentielles pour prouver les faits répréhensibles.

Les satellites ne sont pas les seuls outils de surveillance et de renseignement : les espions sur le terrain et des petits avions sans pilotes, appelés «drones», jouent aussi un rôle important. Mais ils sont d'une efficacité redoutable : invisibles, imprévisibles, ils photographient sans relâche les zones de crises, les installations douteuses, les mouvements suspects; ils écoutent discrètement les conversations téléphoniques, militaires ou civiles; ils fournissent les cartes ultra-précises dont ont besoin les forces d'intervention, ainsi que les signaux pour guider les avions, les missiles, les tanks ou même les simples fantassins. L'importance de leur rôle est apparue une fois de plus lors de la guerre du Kosovo, en 1999.

L'observation civile de la Terre

L'état de la planète fait aujourd'hui partie des paramètres à prendre en compte dans une analyse globale de la sécurité des nations et de leurs citoyens. De nombreux types d'engins spatiaux interviennent dans la surveillance non militaire de la Terre : les satellites météorologiques (comme les Météosat et bientôt les Metop européens); les plates-formes de télédétection optique (comme les français Spot) ou radar (comme les européens ERS); des satellites d'étude des surfaces océaniques (comme le franco-américain Poséidon) ou de l'environnement (comme la future plate-forme européenne Envisat). Aucun point des terres et des mers n'échappe à la vigilance de ces engins, qui établissent en permanence un «état des lieux» des campagnes, des forêts, des rivières, des côtes, des montagnes, des glaces, des océans, et de l'atmosphère qui les surmonte. Les images de la Terre vue de l'espace sont désormais un rendez-vous quotidien des télévisions du monde entier,

Lors des interventions militaires, les satellites fournissent les informations qui vont permettre de mettre en œuvre des «armes intelligentes»; les «missiles de croisière» suivent ainsi un itinéraire tracé sur une carte à trois dimensions établie d'après des images spatiales; leur précision est de quelques mètres, après un trajet de plusieurs centaines ou milliers de kilomètres.

Troupes de la Kafor au Kosovo, juin 1999. Missile de croisière Tomahawk, guerre du Kosovo, mars 1999.

comme illustration des prévisions météorologiques. Mais elles ne sont qu'un faible reflet de l'immense effort spatial entrepris pour mieux connaître notre planète et les risques écologiques qui la menacent, comprendre et si possible prévoir l'évolution de son climat, aider les pays pauvres à résoudre leurs problèmes de ressources, etc.

Ce sont en particulier des satellites qui ont permis de déceler une évolution inquiétante se produisant dans la stratosphère : la disparition, au-dessus de certaines régions proches des pôles, de la couche d'ozone, qui protège la vie terrestre contre les rayons ultraviolets solaires. Cet événement peut aussi être considéré comme un tournant dans l'histoire humaine : pour la première fois un problème global d'environnement a été identifié et pris en compte au niveau mondial. La cause de la raréfaction de l'ozone stratosphérique a été trouvée. Un accord international a interdit la production des substances jugées « coupables ». Sans les satellites, ce phénomène, sans doute très important pour l'ensemble de l'humanité, n'aurait pas été découvert. Et seuls les satellites pourront nous dire, dans les années qui viennent, si la situation s'améliore.

Un problème assez semblable se pose avec l'« effet de serre » créé par le gaz carbonique rejeté, à raison de milliards de tonnes chaque année, par les activités ou les installations qui brûlent du bois, du charbon, du gaz ou de l'essence : déforestation, centrales électriques, usines, voitures, camions, etc. Le fait est désormais bien établi : la concentration de gaz carbonique augmente dans l'atmosphère. Les liens avec l'activité humaine et un éventuel réchauffement climatique sont en revanche encore hypothétiques. Les informations obtenues par des engins spatiaux vont être essentielles pour que les scientifiques puissent valider, ou infirmer, les hypothèses sur l'influence que les activités humaines pourraient avoir à l'avenir sur le climat. Y a-t-il aujourd'hui une question plus importante ? Sans attendre les conclusions

Tout au long de chacune de ses révolutions autour du globe, le satellite européen ERS-2 sonde l'atmosphère pour mesurer la quantité d'ozone. On voit ici les bandes balayées au cours de quelques orbites successives. En quelques jours, la totalité du globe est observée, permettant d'établir la carte de la distribution de l'ozone autour de la Terre.

Trajets du satellite ERS-2 (ESA). Trou d'ozone au-dessus de l'Antarctique, octobre 1995, carte établie par ERS-2.

L'ÂGE DES SATELLITES

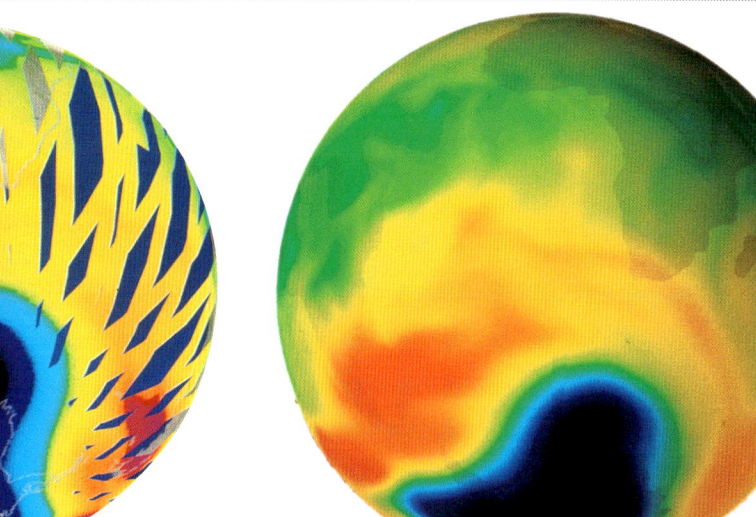

de ces travaux, des accords sont déjà en cours de négociation pour limiter les rejets de gaz carbonique dans l'atmosphère. Comment sera-t-il possible de vérifier le respect de tels accords en surveillant, par exemple, la déforestation dans le bassin amazonien ? Avec des satellites une fois encore.

L'espace au service de l'intérêt public

Contrairement aux télécommunications spatiales et à la navigation, la surveillance civile de la Terre n'est pas un succès commercial. Spotimage vend bien des données de télédétection sur le marché international, mais ses prix ne reflètent pas la réalité des coûts des satellites Spot, qui sont pris en charge par le CNES français. La même situation existe aux États-Unis, avec les images des satellites Landsat du gouvernement américain. Pourtant, plusieurs sociétés privées américaines ont décidé de mettre en service au début des années 2000 des satellites photographiques à haute résolution, fournissant des images bien plus précises

Dans la stratosphère, à une vingtaine de kilomètres d'altitude, la couche d'ozone arrête les rayonnements ultraviolets solaires, dangereux pour la vie terrestre. Les satellites ont découvert que cette couche s'appauvrit. Sur cette carte, les zones pauvres en ozone apparaissent en bleu-noir, cependant que les zones riches sont rouge-jaune. On voit nettement le « trou d'ozone » au-dessus de l'Antarctique. La pollution par certains effluents industriels est la cause de cette inquiétante évolution. Les mesures prises seront-elles suffisantes ?

(jusqu'à 1 m de résolution) que celles des Spot (5 m) et Landsat (20 m) et visent notamment le marché de l'aménagement du territoire. Mais une grande partie du domaine de l'observation spatiale de la Terre remplit une fonction de service public et ne deviendra pas commerciale. C'est le cas de la météorologie et des études sur l'environnement, qui font l'objet de projets majeurs aux États-Unis («Mission to Planet Earth», ce qui signifie «Mission vers la planète Terre»)

Les satellites sont de remarquables outils de «télédétection»: leurs images permettent d'obtenir à distance des informations sur le sol, la végétation, l'eau. Le premier satellite civil d'observation de la terre, Landsat-1,

et en Europe (programme «Planète vivante» de l'ESA). Ces études sont d'ailleurs coordonnées au niveau international.

L'observation spatiale de la Terre est encore plus utile aux nations en développement, dont l'agriculture est moins performante, qui dépendent fortement des ressources naturelles et dont les infrastructures sont moins étendues. Ces pays sont aussi souvent plus exposés aux catastrophes naturelles: cyclones, tremblements de Terre, volcans. La combinaison de plusieurs moyens spatiaux peut alors limiter les conséquences dramatiques de ces événements:

lancé en 1972 par la NASA, ne montrait que des détails de 70 m, mais les vues de sa caméra multispectrale ont démontré tout l'intérêt de l'imagerie spatiale pour le recensement, l'étude et la gestion des ressources de la planète.

les satellites météorologiques peuvent détecter les cyclones et les tempêtes; les plates-formes de télédétection sont capables de suivre l'évolution du niveau des fleuves et des inondations, et de fournir des images des destructions; les satellites de télécommunications peuvent transmettre les signaux d'alerte, et ensuite servir à mettre en place des liaisons de secours. L'espace peut ainsi se mettre au service de la prévention des catastrophes et de l'aide humanitaire.

Ile James Ross dans l'Antarctique, image prise par Spot, 1989. Surface irrégulière des océans, images établies à partir des mesures du satellite ERS.

Pas de conclusions, mais encore plus d'informations

Si les satellites d'observation de la Terre sont si performants, pourquoi les prévisions météorologiques ne sont-elles pas plus précises? Pourquoi n'est-on pas capable de dire si le climat de la Terre va se réchauffer ou se refroidir? Les satellites ne sont que des outils apportant des informations, mais n'en tirant pas les enseignements. Dans les domaines de la météorologie et de la climatologie, la complexité du système constitué par l'atmosphère, les océans, les mers et les terres est telle que les «modélisations» les plus

La science des océans a beaucoup progressé dans les années 1990 grâce aux satellites équipés d'altimètres ultra-précis et de radars : des cartes des surfaces océaniques, dont le niveau varie avec la position, ont été établies, aidant à mieux connaître les courants et les reliefs marins.

avancées, mises en œuvre sur les «super-ordinateurs» les plus puissants, sont encore loin d'être satisfaisantes. C'est aussi le cas dans le secteur de la sécurité, les agences de renseignement peuvent ne pas s'être intéressées à un pays ou à une région du monde, comme la CIA (Central Intelligence Agency) qui n'avait pas prévu l'explosion de la bombe indienne en 1998.

Les engins spatiaux ne peuvent pas tout. Mais ils pourraient apporter davantage d'informations, en constituant des «constellations» d'observation de la Terre, à la manière des nouveaux réseaux spatiaux de liaisons téléphoniques. La surveillance de la planète deviendrait ainsi presque permanente (un satellite Spot, par exemple, ne peut photographier un même point de la Terre qu'à des intervalles de plusieurs jours). L'utilisation de nouveaux instruments, telles les «caméras hyperspectrales», obtenant simultanément des vues du globe sur un grand nombre de «longueurs d'ondes», permettrait de déterminer avec plus de précision la nature de la végétation et du sol, et donc

États-Unis et Russie ont été longtemps les seuls à offrir à l'organisation météorologique mondiale des satellites en orbite basse observant de près la couche nuageuse et l'atmosphère. L'Europe ne participait (avec les Météosat géostationnaires) qu'au programme de «Veille météorologique mondiale». Avec l'ESA et Eumetsat, elle développe à son tour des satellites d'observation météorologique rapprochée : les Metop. Et avec la réalisation du gros satellite Envisat, elle va jouer un rôle très important dans l'étude approfondie du climat et de l'environnement.

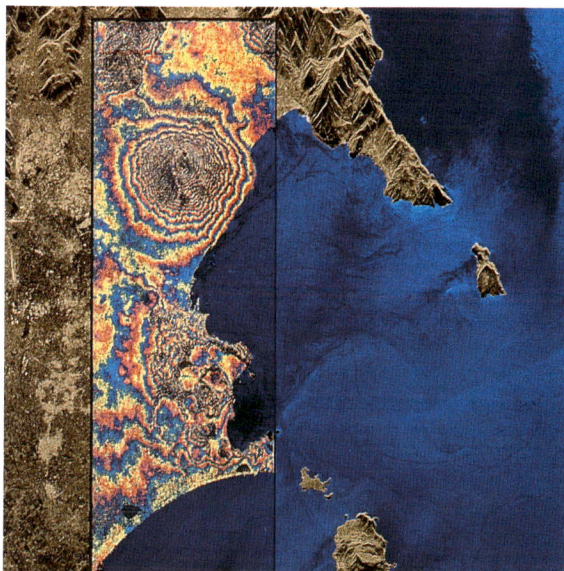

Avec l'interférométrie radar, on pourra peut-être améliorer la prévision des tremblements de terre et des éruptions volcaniques. Cette technique qui combine les données obtenues par un radar spatial à différents moments permet de tracer une carte qui montre d'infimes déformations du sol (de l'ordre du centimètre). Sur cette image de la baie de Naples, établie au moyen d'un satellite ERS de l'ESA, des «franges d'interférences» sont clairement visibles sur le Vésuve. Or, l'on sait qu'une éruption volcanique est souvent précédée par un léger gonflement du sol, et que des déformations se manifestent également avant les séismes. Les satellites pourraient ainsi aider à la prévention des catastrophes naturelles.

l'état des récoltes. Les prochaines décennies vont voir se multiplier des constellations d'engins spatiaux de plus en plus nombreux pour les télécommunications et la surveillance globale de la planète, civile et militaire.

Plus vite, mieux et moins cher

Des satellites par centaines ou par milliers, c'est possible grâce aux progrès de la technologie et des pratiques industrielles qui autorisent la fabrication d'engins spatiaux de plus en plus petits (la recette n'est cependant pas universelle : les satellites géostationnaires deviennent, eux, de plus en plus gros et puissants), de moins en moins chers, avec davantage de capacités. Depuis le début des années 1990, Daniel Goldin, le plus haut responsable de la NASA, a fait de cet objectif un slogan : *«faster, better, cheaper»*. La période artisanale de l'utilisation de l'espace s'achève. L'ère industrielle commence, et des satellites comme les Iridium ou les Globalstar sont déjà produits en grande série : une centaine d'exemplaires. Pour tous ces nouveaux satellites,

Le cyclone Bonnie, photographié par la navette Endeavour, septembre 1992. Carte de la baie de Naples et du Vésuve, reconstitution en 3 D par interférométrie radar.

il faut de nouveaux lanceurs : l'Europe a déjà mis en service sa fusée porteuse du prochain quart de siècle, Ariane-5, dont les performances et l'économie ne vont cesser de s'améliorer; les États-Unis vont faire bientôt de même avec deux lanceurs modernisés : l'Atlas-V de Lockheed-Martin, et la Delta-4 de Boeing. Il s'agit encore de fusées conventionnelles non réutilisables mais, pour la première fois dans l'histoire spatiale, les principales fusées porteuses de satellites ne seront plus dérivées des missiles des années 1950 et 1960. L'héritage de la «guerre froide» s'efface peu à peu, même si certains vieux lanceurs de l'ex-URSS connaissent une seconde jeunesse, en étant commercialisés avec l'aide de sociétés occidentales : International Launch Systems (filiale de Lockheed Martin) pour la Proton russe, Sea Launch (filiale de Boeing) pour la Zenit ukrainienne, et Starsem (filiale de Arianespace et de Aérospatiale Matra) pour la Soyouz russe.

Business et avenir de l'humanité

Ces évolutions techniques ou commerciales ont toutes pour objectif de faire baisser les prix et d'améliorer le service pour répondre aux besoins des clients. Alors, le cosmos livré aux forces du *business*? Une évolution qui fait peut-être se retourner dans leurs tombes Tsiolkovsky, Goddard, Oberth, Korolev et Von Braun, mais qui a des aspects très positifs pour l'avenir de l'astronautique par son exigence sur la qualité, les prix, les délais, la sécurité.

L'ÂGE DES SATELLITES

Des résultats importants ont déjà été obtenus : entre 1990 et 2000, le prix du transport spatial a baissé de moitié et celui des satellites a également beaucoup diminué.

Cette tendance va se poursuivre et permettre, dans les prochaines décennies, aux activités spatiales traditionnelles de faire plus sans davantage de moyens. Les activités spatiales ont démontré qu'elles étaient utiles et même indispensables pour résoudre des problèmes qui se posent sur la Terre. Grâce aux applications pratiques du cosmos, le monde est un endroit plus sûr, où les hommes communiquent mieux, et peuvent déceler les risques, civils ou militaires, qui menacent leur vie ou leur environnement. Même si l'espace se résumait à ces retombées inattendues de la conquête du cosmos, son rôle pour l'avenir de l'humanité serait fondamental.

La brillante réussite d'Arianespace est due à la qualité des lanceurs Ariane (56 lancements réussis d'Ariane-4 entre juin 1994 et septembre 1999), mais aussi à celle du service qu'elle fournit aux opérateurs de satellites. Elle les aide le cas échéant à trouver des investisseurs et met à leur disposition à Kourou d'excellentes installations pour la préparation finale de leurs satellites. De 1981 à 1999, Arianespace a signé 200 contrats de lancement ! En 1998, avec un chiffre d'affaires dépassant 7 milliards de francs, elle détient plus de la moitié du marché mondial commercial.

Intérieur d'Atlas-V. Arianespace : signature du contrat de lancement de satellites Intelsat-IX par Ariane-5, Washington, 1997.

Arthur Clarke est pratiquement le seul visionnaire à avoir prévu, dès 1945, l'importance de l'« espace utile », bien avant le lancement de Spoutnik. Un demi-siècle plus tard, les rapports de prospective soulignent le caractère fondamental des applications pratiques de l'espace, à la fois pour la vie quotidienne et pour l'avenir de la planète.

Des stations spatiales fourniront une couverture radio mondiale

Arthur Clarke comprend l'importance de l'orbite géostationnaire pour les liaisons téléphoniques internationales, ainsi que pour la diffusion globale de la télévision, à une époque où celle-ci est juste en train de naître.

Nombreux sont ceux qui considéreront que la solution proposée dans cet article est trop futuriste pour être prise au sérieux. Une telle attitude n'est pas raisonnable car tout ce qui est proposé ici est une extension logique des développements des dix dernières années – en particulier la mise au point de fusées à longue portée dont la V-2 est le prototype [...]. Il sera possible dans quelques années de construire une fusée contrôlée par radio qui puisse être guidée pour se mettre en orbite au-delà des limites de l'atmosphère et retransmettre vers la Terre des informations scientifiques [...]. On observera qu'une orbite avec un rayon de 42 000 km a une période de 24 heures exactement. Un objet sur une telle orbite, si son plan coïncidait avec celui de l'équateur terrestre, accompagnerait la Terre dans sa rotation et serait donc stationnaire au-dessus du même point de la planète. Il resterait fixe dans le ciel de tout un hémisphère et, à la différence de tout autre corps céleste, ne se lèverait ni ne se coucherait. [...] Supposons qu'une station soit construite sur cette orbite. Elle pourrait être équipée d'équipements de réception et de transmission [...] et servir de répéteur pour relayer des transmissions entre deux points quelconques de l'hémisphère situé en dessous d'elle [...]. En outre, une émission reçue depuis n'importe quel point de cet hémisphère pourrait être diffusée sur la totalité de la face visible du globe. [...] Une seule station pourrait assurer la couverture de seulement la moitié du globe, et pour un service mondial, il faudrait en utiliser au moins trois [qui] seraient disposées approximativement de façon équidistante autour de la Terre, et les positions suivantes paraissent satisfaisantes : 30° [de latitude] Est pour l'Afrique et l'Europe ; 150° Est pour la Chine et l'Océanie, 90° Ouest pour les Amériques. Les stations de cette chaîne seraient reliées entre elles par des faisceaux radio ou optiques et, de la sorte, tous les services de liaison ou de diffusion imaginables pourraient être fournis [sur la totalité du globe].

Arthur Clarke, «Des relais extraterrestres», in *Wireless World*, octobre 1945, traduction Alain Dupas

Pourquoi l'Europe doit investir dans l'espace

Le comité de prospective mis en place par l'ESA, affirme en mai 1999 : «L'utilisation de l'espace est une réussite qui ne cesse de prendre de l'importance.» Il insiste sur la surveillance du climat et de l'environnement.

Ne pas comprendre les causes du changement climatique, d'origine naturelle ou causées par les activités humaines, pourrait avoir des conséquences fatales. Les analyses effectuées aujourd'hui montrent que des modifications du mode de vie actuel sont nécessaires pour éviter des changements désastreux au XXIe siècle. Des réglementations internationales, qu'approuveraient et auxquelles adhéreraient toutes les nations, sont de toute évidence nécessaires. Elles reposeraient sur le progrès considérable de notre compréhension des relations entre la Terre et le Soleil ainsi que des processus naturels contrôlant le fonctionnement de [l'environnement de] la Terre.

La surveillance à différents niveaux de résolution de l'environnement est un besoin urgent, qui doit être satisfait en utilisant des moyens spatiaux, aériens et terrestres. Le rôle de l'espace dans la gestion de la planète continuera de croître. Il ira de la collecte de données, permettant de modéliser [les phénomènes] dans le but d'améliorer la compréhension, jusqu'à la surveillance globale et la vérification des réglementations approuvées sur le plan international.

Le problème est d'autant plus urgent que les temps d'évolution sont très longs – du fait de l'inertie thermique des océans et de la lenteur de l'évacuation des gaz «à effet de serre» de l'atmosphère – et que des contremesures ne commenceront à avoir un effet que dans de nombreuses années. Ce n'est que depuis l'espace qu'une image claire et cohérente du changement de l'environnement peut être obtenue, et il faut convaincre les nations et les individus de cette urgence. L'Europe doit poursuivre son propre programme, dans le cadre d'une coordination internationale, pour étudier le changement climatique et son impact sur l'environnement.

Investir dans l'espace : le défi pour l'Europe, rapport du Comité de politique spatiale à long terme de l'ESA, Paris, 1999

2 Tous ensemble dans le cosmos

EN 2004, UNE GRANDE STATION SPATIALE INTERNATIONALE SERA OPÉRATIONNELLE À 350 KM D'ALTITUDE AU-DESSUS DE LA TERRE. CONSTITUE-T-ELLE UNE PROLONGATION INUTILE ET COÛTEUSE DES VOLS COSMIQUES HABITÉS DU XXe SIÈCLE? EST-ELLE, AU CONTRAIRE, LA PREMIÈRE ÉTAPE D'UNE EXPANSION DE L'HUMANITÉ DANS L'ESPACE, QUI CONDUIRA BIENTÔT DES ASTRONAUTES À RETOURNER SUR LA LUNE ET À DÉBARQUER SUR MARS?

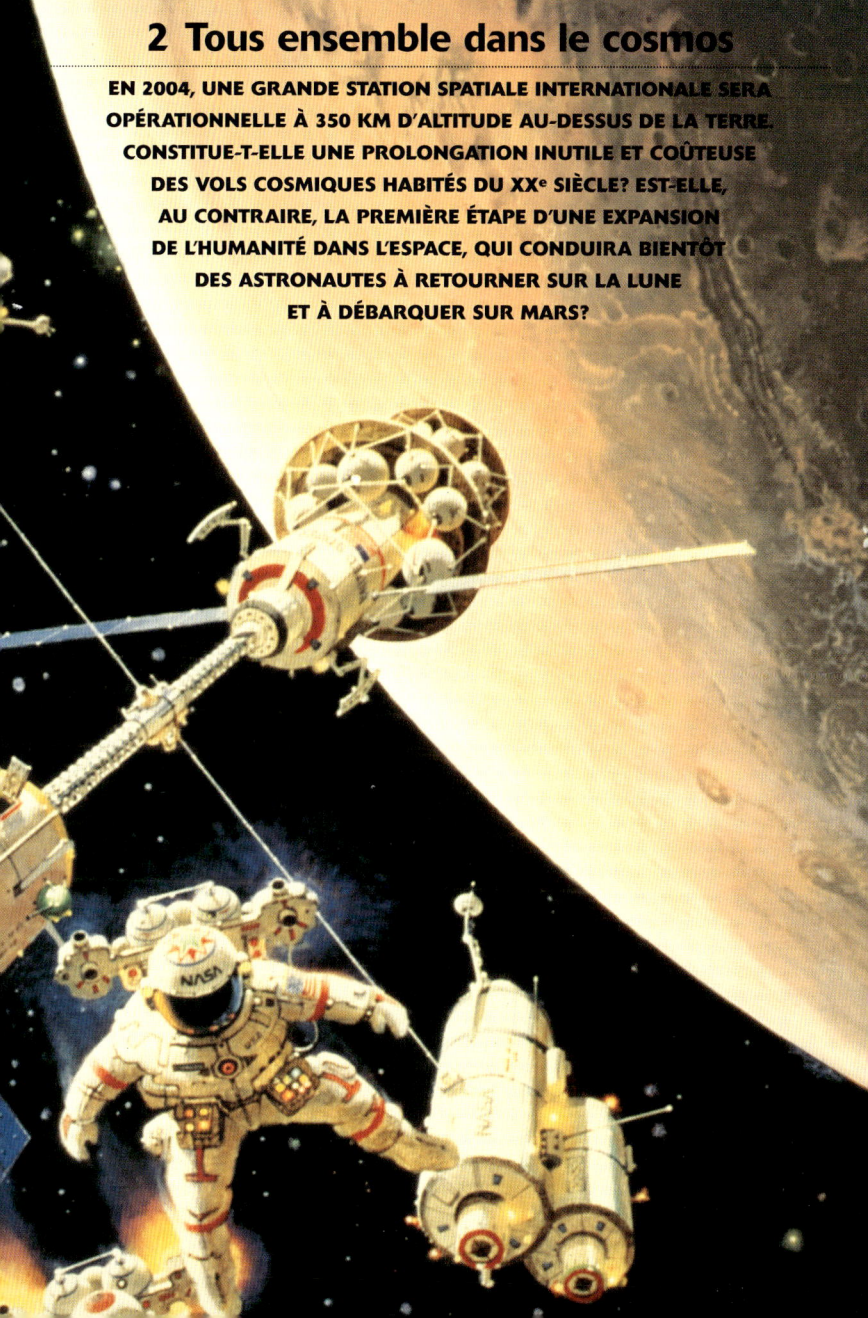

Double page précédente :
Base de ravitaillement
en orbite autour de Mars,
peinture de R. Mc Call.

Base lunaire, peinture
de Lionel Bret.

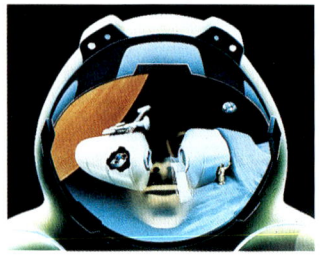

Tous ensemble dans le cosmos

La station spatiale internationale – encore simplement dénommée ISS (International Space Station) –, dont les deux premiers modules, Zarya le russe et Unity l'américain, ont été assemblés au début de l'année 1999, est le plus grand projet scientifique et technique jamais conduit dans le cadre d'une coopération internationale.

Avec les Américains

Les États-Unis, qui sont à l'origine de la construction de cette énorme station, ont invité tous leurs grands partenaires à participer à ce projet : l'Europe, le Canada, le Japon et même la Russie, après la désintégration de l'Union soviétique. D'autres pays pourraient les rejoindre plus tard : le Brésil et d'autres nations d'Amérique du Sud, des États de l'Europe de l'Est, et, pourquoi pas, des puissances asiatiques comme la Chine et l'Inde.

La NASA accomplit l'effort majeur et finance 85 % des dépenses très élevées qu'exigent la réalisation et la mise en œuvre de l'ISS : environ 100 milliards de dollars, jusqu'à la fin de la première phase de l'exploitation de la station, vers 2015. Mais ce programme est-il vraiment porteur d'avenir ? N'est-il pas un grand gaspillage, qui va interdire, ou du moins ralentir, le développement de techniques et de projets vraiment importants pour le futur de l'astronautique ? L'on imagine mal qu'une infrastructure aussi chère

et complexe soit abandonnée et détruite après quelques années de fonctionnement : avec l'ISS, les États-Unis engagent le monde dans une aventure cosmique de longue haleine. Mais dans quel but? L'objectif à long terme de la NASA, défini et confirmé par plusieurs présidents des États-Unis – John Kennedy, Ronald Reagan, George Bush – n'est-il pas l'occupation humaine du système solaire? Mais les partenaires internationaux de l'ISS et les contribuables américains auront besoin d'autres arguments pour être convaincus que les 100 milliards de dollars investis dans l'ISS ont un sens.

Logo du projet Pathfinder de la NASA, 1988. A bord de l'ISS, vue d'artiste, 1990.

Les modules de recherche de l'ISS sont de longs couloirs où l'on tente de recréer l'illusion de la verticale, inexistante en apesanteur. Les appareils scientifiques sont sur les «murs». «Plancher» et «plafond» servent de placards.

Le rêve ancien de la NASA

Dès sa création en 1958, la NASA a fait siens les rêves des grands précurseurs de l'astronautique, en particulier de Von Braun pour qui l'espace doit être conquis selon des étapes bien déterminées : la construction d'une vaste station orbitale servant ensuite de base de départ à des expéditions humaines vers la Lune, Mars et plus tard l'ensemble du système solaire. Le programme Apollo, avec ses voyages directs de la Terre à la Lune, est un accident de l'histoire. Et, dès 1969, la NASA propose un programme post-Apollo qui comprend une station spatiale desservie par une navette, l'installation d'une base permanente sur la Lune et l'exploration de Mars par des astronautes. Si ce plan ambitieux avait été réalisé, il y aurait en l'an 2000 des centaines d'astronautes vivant sur orbite et des équipages se relayant sur les surfaces de la Lune et de Mars! En réalité, la navette vole quelques fois par an et l'assemblage de la station orbitale ISS, qui n'abritera que sept astronautes, se situe à la limite de ce que la technologie spatiale peut accomplir aujourd'hui.

C'est dans une immense piscine, la Neutral Buoyancy Facility, au centre Johnson de la NASA à Houston, que les « ouvriers du cosmos » s'entraînent à l'assemblage des éléments de l'ISS : flotter entre deux eaux permet de simuler l'absence de pesanteur.

Entraînement pour l'ISS, Johnson Space Center, Houston.
Les différents éléments composant l'ISS.

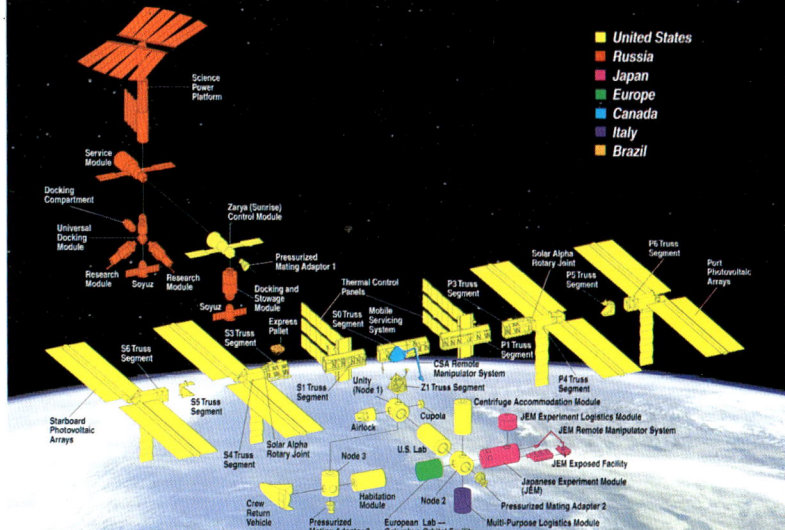

Le plus grand chantier de l'espace

Plusieurs dizaines de vols de navettes et de lanceurs russes Soyouz et Proton seront nécessaires pour envoyer dans l'espace les pièces de ce gigantesque Meccano. Des astronautes vont sortir dans le cosmos des centaines de fois pour relier ensemble tous les morceaux de l'ISS. Il ne faut pas se dissimuler les risques : qu'une navette explose, qu'un astronaute périsse au cours d'un «accident du travail spatial» et le projet risque d'être compromis.

La réalisation de l'ISS est le fruit du travail de 100 000 personnes! Elle nécessite l'assemblage dans le cosmos de 100 éléments, dont la mise en orbite demandera cinq ans et 46 lancements… Des navettes seront utilisées à 37 reprises et les autres fusées porteuses seront quatre Proton et cinq Soyouz russes. D'autres lanceurs serviront à ravitailler l'ISS en propergols : l'Ariane-5 européenne, associée au vaisseau de transport ATV (Automatic Transfer Vehicle), et la H-2 japonaise. Si le programme est respecté, la station sera complète en novembre 2004.

Trois modules suffiront pour que la station spatiale internationale puisse commencer à servir de laboratoire de recherche et à être occupée en permanence par des astronautes et des cosmonautes. Le premier équipage, composé de deux Russes, Youri Gidzenko et Serguei Krikalev, et d'un Américain, William Sheperd, rejoindra en principe l'ISS en mars 2000 à bord d'un vaisseau Soyouz. Le premier Européen, Umberto Guidoni, devrait arriver en juin 2000, dans une navette de la NASA.

Sa masse sera alors d'environ 500 tonnes, et sa longueur de 108 mètres. Elle offrira à un équipage pouvant comprendre sept astronautes un volume habitable de 41 000 m^3, comparable à celui d'un Jumbo Jet.

Le laboratoire le plus cher du monde

Si tout se passe bien, l'ISS va constituer un outil sans précédent pour les recherches conduites en orbite par les astronautes. Il n'y a aucun rapport entre les modestes capacités de la station russe Mir et les possibilités offertes par la station spatiale internationale. Les astronautes auront à la fois la puissance électrique (75 kW), les moyens de calcul et les appareillages scientifiques nécessaires pour juger du véritable intérêt de l'absence de pesanteur pour la recherche fondamentale ou appliquée, en physique, en chimie et en biologie, en plus, bien sûr, des études sur la physiologie et le comportement de l'organisme humain dans l'espace.

La pesanteur, qui existe sur la Terre, perturbe certains processus, comme la formation de cristaux lorsque l'on refroidit un liquide (phénomène physique appelé «transition de phase»). Dans le cosmos, il serait envisageable de produire des alliages métalliques impossibles à obtenir sur Terre ou de fabriquer des cristaux de certaines grosses protéines, permettant ensuite d'établir la structure de celles-ci. En théorie, ces perspectives sont très prometteuses : en métallurgie, on peut songer à de meilleurs alliages pour les aubes de turbine des réacteurs d'avion, qui amélioreraient l'économie du transport aérien; en biologie, connaître la structure de certaines protéines peut permettrela création de nouveaux médicaments. La NASA s'est d'ailleurs (beaucoup) avancée en

Certains phénomènes physiques se déroulent de manière différente en microgravité. C'est le cas de la formation des bulles dans un liquide en ébullition. Sur Terre, des petites bulles se forment et montent vers la surface.

Dans le cosmos, en l'absence de la convection provoquée par la pesanteur, les bulles restent sur place et deviennent géantes! L'étude de ces phénomènes fait progresser les sciences fondamentales. Ces travaux pourront-ils conduire un jour à des recherches industrielles, ou même des productions, dans le cosmos? Réponse dans les années 2000, grâce à l'ISS.

Liquide porté à ébullition, en microgravité. Projet Pharao, illustration de D. Ducros.

affirmant que l'ISS pourrait ainsi contribuer à la guérison du cancer.

Avec l'ISS, l'heure de vérité arrive : si des résultats utiles ne sont pas obtenus, en recherche fondamentale ou appliquée, l'avenir de l'homme dans l'espace, au moins près de la Terre, sera compromis! Si en revanche des avancées significatives sont accomplies, la NASA pourra triompher, et ressortir de ses cartons les plans sur l'évolution de l'ISS vers un «parc industriel» : à la station existante viendraient s'ajouter des modules où des compagnies privées accompliraient leurs propres travaux, pouvant aller jusqu'à la production en microgravité de certaines substances ou produits.

L'eldorado du XXIe siècle?

Ainsi commencerait l'industrialisation du cosmos, et s'enclencherait un processus «vertueux» : les revenus des industries basées dans l'espace financeraient le développement privé de nouveaux moyens de transport, moins chers, contribuant à accélérer le phénomène d'industrialisation, et à entreprendre des missions habitées vers la Lune, les planètes et le cosmos lointain. En fait, la transformation de l'espace en zone d'intérêt économique est déjà en cours : l'explosion de l'usage des satellites pour les télécommunications, la navigation, la surveillance de la planète en sont la manifestation éclatante. Mais, pour l'instant, le développement du *business* spatial ne porte

Pharao (Projet d'Horloge Atomique par Refroidissement d'Atomes en Orbite), proposé par la France, est une des expériences scientifiques les plus intéressantes qui pourraient être réalisées sur l'ISS. Elle mettrait à profit la microgravité pour faire fonctionner sur orbite une horloge atomique de technologie avancée, capable de mesurer le temps et de le faire connaître à travers le monde avec une précision exceptionnelle de 30 millionième de millionième de seconde...

que sur un type de produit : l'information, qui a l'avantage de ne pas avoir de masse, et de pouvoir transiter sans effort, à la vitesse de la lumière, à travers le cosmos. Le problème n'est pas du tout le même avec des matériaux ou des substances «pesantes» : au prix du transport spatial et des opérations sur orbite au milieu des années 2000, le coût d'un kilogramme d'un produit *made in space* ramené sur Terre se situerait entre 100 000 francs et 1 million de francs… Peu de produits pourraient justifier de tels montants !

Au début du troisième millénaire, le coût des vols spatiaux habités reste prohibitif et les technologies mises en œuvre sont inadaptées. Seuls la recherche scientifique, les programmes militaires et les besoins de la «société de l'information» peuvent justifier l'usage de moyens spatiaux, en l'occurrence automatiques. Les missions d'astronautes, telles qu'elles sont conduites aujourd'hui, sont une survivance du passé.

En 1998, 1 462 millions de passagers, et 26 millions de tonnes de fret, ont été transportés par les compagnies aériennes, dont les flottes totalisent 18 000 avions… Un trafic aussi intense existera-t-il un jour entre la Terre et le cosmos ? Hélas, aller dans l'espace est infiniment plus difficile que de se déplacer dans l'air. Un seul vol d'Ariane-5 coûte en l'an 2000 aussi cher que l'achat d'un Airbus-340, qui va servir des décennies et transporter des centaines de milliers de passagers.

L'exemple de l'aviation

Les chances d'industrialisation du cosmos seraient grandement augmentées si l'accès à l'espace des équipements et des hommes devenait plus simple, plus sûr et plus économique. Il faudrait réduire les prix d'un facteur dix, et, si possible même, d'un facteur cent, et donc accomplir une ou peut-être plusieurs révolutions technologiques ! L'aviation, qui a réussi en moins d'un siècle à devenir un moyen de transport de masse, inspire l'industrie spatiale. Mais il n'y a aucune commune mesure entre les problèmes

"Constellation" de la TWA Le Bourget vers 1950. Hôtesses de l'espace, dans *Le Cinquième Élément* de Luc Besson.

posés par les accès aux mondes de l'air et de l'espace. En effet, la barrière qui sépare la surface de la Terre du cosmos est très élevée et ne peut être franchie qu'avec des systèmes d'une puissance et d'une complexité exceptionnelles : les fusées, qui sont les machines les plus extraordinaires jamais réalisées par les hommes. Cela explique pourquoi les voyages aériens se sont développés beaucoup plus vite que les périples spatiaux : en 1953, un demi-siècle après le vol historique des frères Wright, les compagnies aériennes transportaient déjà des centaines de milliers de passagers autour du globe ; en 2011, cinquante ans après le vol de Gagarine, on peut être certain qu'aucun touriste n'aura encore emprunté les lignes cosmiques ; et combien de décennies, ou de siècles, faudra-t-il attendre avant que les voyages spatiaux soient accessibles au plus grand nombre ?

Les ingénieurs sont certains qu'un système de transport avancé entre la Terre et le cosmos devrait ressembler à un avion, c'est-à-dire décoller de la piste

Une navette emportant les héros vers un hôtel de luxe installé dans l'espace lointain, des hôtesses veillant au confort des passagers installés dans des compartiments individuels : cela se passe dans *Le Cinquième Élément* de Luc Besson. Le tourisme spatial est loin d'être une réalité. En l'an 2000, seuls quelques milliardaires pourraient se payer un périple autour de la Terre. Pour le tourisme de masse, il faudra patienter au-delà de 2050, au mieux, si la qualité des «voyages virtuels» ne décourage pas d'ici là les candidats.

d'un cosmodrome, gagner une orbite proche de la Terre, accomplir sa mission (transporter du fret ou des passagers vers de grandes stations spatiales par exemple), revenir se poser et immédiatement être prêt à repartir. La NASA, qui voulait se rapprocher de ce schéma avec la navette, a complètement échoué : celle-ci effectue bien des allers-retours entre la Terre et l'espace, mais son prix est dix fois celui prévu et la préparation d'un tir demande des mois.

L'avion spatial du futur

Serait-il possible de faire mieux au cours des années 2000 ? Un projet est en cours aux États-Unis : une aile volante de 300 tonnes au décollage, le X-33, va être testé par la NASA dans la période 2000-2001. Cet engin impressionnant n'ira pas dans l'espace, mais il effectuera en Californie des vols sub-orbitaux à une vitesse de 15 000 km/h, pour tester les technologies de pointe nécessaires à un futur avion-fusée spatial opérationnel : le Venture Star. Celui-ci devrait, selon la NASA, être effectivement dix fois moins cher que les lanceurs conventionnels, comme Ariane-5. Son intérêt économique serait tel que son développement

Tout en préservant la priorité à Ariane-5, l'Europe a décidé de s'intéresser à une nouvelle génération de lanceurs spatiaux réutilisables. Cet effort, encore modeste, pourrait conduire dans les années 2000 à la réalisation de «démonstrateurs», petits véhicules testant des technologies avancées. Ainsi, ARES de Aérospatiale Matra, d'une masse de 2 t avec une envergure de 3 m, permettrait d'expérimenter le retour et l'atterrissage d'un lanceur spatial ailé.

Véhicule expérimental ARES (Atmospheric Reentry Experimental Spaceplane), vue d'artiste.
Prototype X-33, vue d'artiste.

– quelques milliards de dollars seulement – serait financé par l'industrie et les milieux financiers, en vue d'une mise en service en 2005. Mais on sait déjà avant même le premier vol de démonstration du X-33, que ce plan ne sera pas respecté : les obstacles techniques restent formidables et les milieux financiers n'ont pas confiance.

Le lanceur du futur ressemblera certainement à un avion, par sa forme et son fonctionnement opérationnel, mais il ne verra pas le jour si rapidement. La NASA devra d'abord payer de ses propres deniers la réalisation d'un avion-fusée spatial, sans doute à deux étages (c'est-à-dire se présentant au départ comme deux avions superposés), pour démontrer la viabilité d'un tel système. Cet avion-fusée pourrait ensuite, vers 2015, remplacer la navette (qui volera alors depuis plus de trois décennies) pour desservir l'ISS, mais il ne se substituera pas aux fusées conventionnelles (Ariane-5 et ses futures concurrentes américaines Atlas-V et Delta-4) pour envoyer dans l'espace les satellites d'application.

Pour décider de la réalisation éventuelle du Venture Star, un avion-fusée spatial qui pourrait succéder à la navette, le X-33, est chargé de tester un nouveau moteur-fusée avancé, des réservoirs en matériaux composites, une structure de «corps planant» (sans aile), et surtout la possibilité d'une remise en état rapide après chaque vol : le X-33, qui n'est pas piloté, devra accomplir quinze missions en six mois. D'autres tests réalisés par d'autres démonstrateurs seront nécessaires avant que la voie ne soit ouverte au Venture Star.

L'apparition d'un véritable avion-fusée spatial économique, à un seul étage, n'interviendra pas avant 2020 ou 2025. En fait, cet engin pourrait très bien être international, comme l'ISS : l'Europe, en effet, s'intéresse aussi aux technologies du transport spatial futur. Elle a décidé, en 1999, d'engager un programme de recherche dans cette direction : le projet FLTP (Future Launcher Technology Program) et certains industriels, comme Aérospatiale Matra en France et DASA en Allemagne, examinent la possibilité de construire des

«démonstrateurs», à la manière du X-33 de la NASA. Mais compte tenu de l'importance du lancement commercial pour Arianespace, la priorité ira, dans les années 2000 et 2010, à l'amélioration des performances d'Ariane-5, et à la réduction de ses coûts.

Et toujours le même plan

En attendant l'apparition, lointaine, de ces nouveaux systèmes de transport, la station spatiale ISS ne pourra croître que modérément : elle restera un modeste avant-poste de l'homme dans le cosmos, avec un équipage ne dépassant pas quelques dizaines d'astronautes, et une fonction de laboratoire et d'atelier de production expérimentale. Et les plans ambitieux de la NASA pour donner vie aux rêves de Von Braun, et faire de la station la base de départ de la conquête du système solaire, resteront, pour l'instant, lettre morte.

L'élaboration de ces plans n'a, en vérité, jamais cessé. En 1985, le président Ronald Reagan a mis en place une Commission nationale de l'espace (NSC), présidée par Thomas Paine, l'un des grands organisateurs du programme Apollo, qui rend ses conclusions à l'été 1986, quelques mois après la catastrophe de Challenger. Le programme spatial proposé pour les cinquante ans à venir est simple : les États-Unis doivent consacrer une part croissante de leur richesse à la conquête du système solaire par l'homme et mettre d'abord en place dans le cosmos une infrastructure permettant des voyages réguliers vers Mars. Si ces conclusions avaient été mises en œuvre, le budget spatial de la NASA serait, en l'an 2000,

L'astronaute-physicienne Sally Ride a effectué deux vols à bord de la navette Challenger, avant que celle-ci n'explose en janvier 1986.

En 1987, elle est chargée de préparer le plan de retour sur la Lune et de conquête de Mars de la NASA. Très ambitieux, ce plan ne connaîtra même pas un début de réalisation.

de 25 milliards de dollars par an! Il n'est, dans la réalité, que de 12 milliards de dollars.

Fin 1986, suite au rapport de la NSC, la NASA a créé un groupe de travail chargé d'élaborer un programme pour l'exploration humaine de la Lune et de Mars. Ce groupe, dirigé par une jeune femme ambitieuse et énergique, Sally Ride (première astronaute américaine à avoir voyagé dans l'espace en juin 1983), propose l'établissement d'un avant-poste sur la Lune dès 2005 et un premier vol piloté vers Mars en 2015.

Sally Ride. *Pioneering the Space Frontiers*, rapport de la Commission nationale de l'espace, 1986. *America's Space Exploration Initiative*, rapport de la NASA, 1989.

L'échec de l'initiative de l'exploration spatiale

En juillet 1989, à l'occasion du vingtième anniversaire du débarquement humain sur la Lune, le président George Bush annonce que les États-Unis vont engager une «Initiative d'exploration spatiale» (Space Exploration Initiative ou SEI) visant un premier atterrissage sur Mars avant 2019 et le cinquantenaire du triomphe d'Apollo. Il a l'ambition de faire de cette initiative le pendant de la décision de John Kennedy d'envoyer des hommes sur la Lune. La NASA entreprend immédiatement une étude accélérée d'un programme de conquête de Mars. Les résultats de ce travail seront reçus comme une douche froide par le Congrès des États-Unis, qui vote le budget de la NASA : envoyer des hommes sur Mars coûterait plusieurs centaines de milliards de dollars! Même étalée sur trois décennies, cette somme reste gigantesque. Le Congrès n'accordera pas même un dollar à l'initiative de George Bush, qui tombera rapidement dans l'oubli.

Tant de rapports inutiles... En 1961, John Kennedy, qui n'était d'ailleurs pas particulièrement passionné par la Lune, a su saisir une opportunité historique, qui était, en l'occurrence, spatiale. En 1989, George Bush pense que les Américains peuvent encore s'enflammer pour une grande aventure cosmique. C'est peut-être vrai pour la jeunesse, mais pas pour l'ensemble de la population, ni surtout pour le Congrès qui accorde les crédits.

Module arrivant sur Mars, peinture, 1988. Expédition humaine sur Mars, *Valles Marineris*, peinture, 1988.

   Pourquoi cet échec? George Bush n'est pas John Kennedy, mais surtout, en 1989, le contexte est très différent de ce qu'il était en 1961, à l'apogée de la guerre froide. En l'absence d'une compétition géopolitique intense, les États-Unis ne sont pas prêts à aller sur Mars à n'importe quel prix, même si tel est le désir de leur président.

Le coût d'une mission habitée sur Mars

Les estimations effectuées par la NASA sont probablement réalistes : envoyer un équipage vers Mars est une entreprise colossale, sans commune mesure avec le programme Apollo. Le principal obstacle est celui de la durée : avec les technologies dont on dispose, le trajet aller Terre-Mars demande de six à neuf mois; pour des raisons astronomiques, les astronautes doivent ensuite rester un an et demi sur la planète rouge avant de repartir; le retour est aussi long que l'aller. Au total, la mission dure environ trois ans. En lui-même, un voyage de trois ans n'est pas inconcevable : le premier périple autour du globe

Pour se poser sur la planète rouge, le véhicule d'atterrissage sur Mars, tel que la NASA l'imagine en 1988, utilise à la fois un bouclier thermique, en forme de parapluie, qui le freine et le protège lors de la traversée de l'atmosphère, puis un moteur-fusée effectuant le ralentissement final : la densité de l'«air» martien est trop faible pour permettre l'usage d'un parachute.

terrestre, effectué par Magellan, n'était pas plus court; et les vols prolongés à bord des stations orbitales soviétiques (puis russes) Saliout et Mir ont montré que des cosmonautes pouvaient supporter des séjours en apesanteur supérieurs à un an, laps de temps suffisant pour un trajet entre la Terre et Mars (le séjour sur Mars ne pose pas de problème de ce point de vue, car une pesanteur, égale à 40 % de la gravité sur la Terre, existe sur la planète rouge).

La difficulté vient du fait qu'il faut emporter toutes les réserves et les équipements nécessaires pour un périple aussi long, avec un séjour de dix-huit mois dans un environnement plus hostile que celui de l'Antarctique : la température est très basse, la pression atmosphérique est faible, les rayonnements dangereux du Soleil ne sont pas arrêtés par un champ magnétique et une couche d'ozone. L'équipage doit en outre être plus nombreux que les deux astronautes d'Apollo : une douzaine d'hommes et de femmes pour partager les nombreuses tâches et valoriser une expédition aussi importante par des recherches

La NASA assigne à ses astronautes des missions scientifiques. Sur cette peinture tirée d'un rapport de 1988 de l'Agence américaine – *Beyond Earth's Boundaries-Human Exploration of the Solar System in the 21st Century* – où l'on peut apprécier la beauté des paysages martiens au petit matin, au fond de *Valles Marineris*, un astronaute descend en rappel le long de la paroi du canyon pour procéder à des études géologiques. Mais un robot ferait sûrement mieux.

approfondies, mettant en jeu plusieurs spécialités scientifiques – physique, chimie, biologie, paléontologie. Pour des raisons de sécurité, il faut prévoir deux vaisseaux, dont un seul suffirait – dans des conditions de confort réduit – à ramener tout l'équipage vers la Terre. On peut encore ajouter à cette liste de contraintes que Mars est un astre plus gros et massif que la Lune, et que s'y poser et en repartir demande davantage d'énergie. L'expédition qui s'élancerait un jour vers Mars comporterait deux lourds vaisseaux interplanétaires, ayant chacun une masse de plusieurs centaines de tonnes, et un équipage de six personnes! Ces vaisseaux devraient évidemment être assemblés sur orbite, sans doute près de la Station spatiale internationale, puis ravitaillés en propergols. Ces opérations coûteraient déjà, à elles seules, des dizaines de milliards de dollars. Le projet martien de la NASA se heurte au problème majeur de l'astronautique au début du troisième millénaire : le coût du transport et des opérations dans le cosmos.

La Lune, observatoire de l'Univers? Sur la Terre, télescopes et radiotélescopes travaillent parfois dans des conditions difficiles, perturbés par les lumières de la civilisation et ses bruits radioélectriques: ondes des radios, télévisions, téléphones mobiles; émissions des satellites de télécommunications! La face cachée de la Lune offrirait une protection parfaite contre toutes ces nuisances.

Observatoire astronomique sur la face cachée de la Lune, peinture, 1988.

Un avant-poste sur la Lune?

Serait-il plus simple et économique d'installer une base sur la Lune? Les plans de conquête de Mars de la NASA incluent de toute façon la création d'un avant-poste sur la surface sélène, servant à tester des technologies nécessaires au voyage sur la planète rouge. On peut douter de l'utilité de cette étape (l'ISS est certainement un banc d'essai suffisant) ou même de l'intérêt d'une base sur la surface lunaire. Les missions Apollo ont confirmé que la Lune était un astre mort, sans aucun attrait particulier, en dehors de sa proximité de la Terre, qui en faisait un objectif de choix pour un premier vol piloté vers un autre objet céleste.

Autrement dit, le seul avantage de la Lune est son accessibilité. Que pourrait-

on y faire ? Installer des instruments scientifiques : télescopes, radio-observatoires, interféromètres optiques ou radio, détecteurs de rayons cosmiques ou d'ondes gravitationnelles, voire accélérateurs de particules, tirant parti du vide ambiant, et de l'existence d'une surface solide stable. La face cachée, à l'abri de la « pollution radioélectrique » de la Terre, serait un endroit exceptionnel pour la radio-astronomie. L'installation et l'entretien de grands instruments scientifiques sur la Lune seraient toutefois des entreprises coûteuses, surtout si des astronautes devaient les visiter périodiquement. Une base lunaire semi-permanente, avec de grands équipements scientifiques, reviendrait à des dizaines de milliards de dollars. Dans ces conditions, il vaut mieux placer les instruments dans un emplacement moins confortable, mais plus accessible : sur des orbites circumterrestres et, notamment à proximité de l'ISS.

Les cratères de la Lune seraient des endroits parfaits pour installer de gigantesques radiotélescopes. En forme de coupole, ils pourraient servir de supports à d'immenses surfaces réfléchissant les ondes radio-électriques et les focalisant sur un récepteur; celui-ci pourrait être suspendu au-dessus du cratère. Cet arrangement est déjà utilisé sur Terre pour le radiotélescope de Arecibo à Puerto-Rico, le plus grand du monde avec ses 305 m de diamètre. Sur la Lune, on pourrait voir encore plus grand.

La révolution de la micro

Après le «grand pas pour l'humanité» accompli par Neil Armstrong le 20 juillet 1969, les techniques de transport et de séjour de l'homme dans le cosmos ont avancé bien lentement! Plus de trente années pour mener à bien deux programmes : la réalisation de la navette, puis de l'ISS. Il faudra au moins aussi longtemps pour passer au stade suivant, qui pourrait être l'exploration humaine de Mars, avec ou sans escale sur la Lune. Mais en 2030, ou 2050, cette exploration aura-t-elle encore un sens?

Voyage dans le corps humain, dans *Le Voyage fantastique*, film de Richard Fleischer, 1965.

Le contraste est frappant entre la rapidité du progrès technique dans les domaines de la «micro» (micro-électronique, micro-informatique) et dans ceux du transport et des opérations dans le cosmos. Les premières évoluent au rythme de la fameuse «loi de Moore» : leurs capacités doublent tous les dix-huit mois. Lorsque Armstrong et Aldrin marchent sur la Lune en 1969, le premier microprocesseur n'existe pas encore : il sera inventé en 1972, l'année où le dernier explorateur lunaire du XXe siècle quitte la surface sélène. En l'an 2000, plus de 250 millions d'ordinateurs personnels, construits autour de microprocesseurs, sont en service dans le monde, alors que la Station spatiale internationale n'est pas encore en service.

Certes, les systèmes spatiaux habités bénéficient de ces progrès : les nouveaux équipements électroniques installés dans la navette spatiale, et ceux de l'ISS, utilisent un grand nombre de microprocesseurs, mais sans accélérer pour autant leur développement, ni réduire leur coût. Pour la navette, et les futurs systèmes de transport entre la Terre et le proche cosmos, les technologies clés sont celles de la propulsion par fusée, et celles des matériaux qui ressemblent encore beaucoup aux techniques des années 1950 et 1960... Entre Atlas, testé pour la première fois en 1958, et sa lointaine descendante Atlas-V, qui volera vers 2002, il y a des améliorations, mais pas de révolution.

Miniaturiser l'homme... L'avantage pour les voyages spatiaux serait colossal. Plus besoin de vaisseaux gigantesques, d'énormes réserves d'air, d'eau et de nourriture. Mais ce n'est bien sûr qu'un rêve, largement exploité au cinéma : Richard Fleischer (comme ici dans *Le Voyage fantastique*), Joe Dante (avec *l'Aventure intérieure*, film produit par Steven Spielberg) ont imaginé des missions de la dernière chance dans le corps humain. Mais si l'homme ne peut pas «rétrécir», les robots eux sont bel et bien en train d'être miniaturisés et leurs capacités d'exploration ne cessent de croître.

Le premier vaisseau russe qui visitera en l'an 2000 la Station spatiale internationale sera encore mis sur orbite par une fusée Soyouz, très proche de la R-7 de Sergueï Korolev (modèle de 1961). Quant à l'ISS elle-même, elle est conçue pour permettre l'existence et le travail d'êtres humains qui ne peuvent être miniaturisés comme les héros de Richard Fleischer, partant dans un «voyage fantastique» à travers le corps humain.

L'homme concurrencé par les automates du cosmos

Qu'il s'agisse de se rendre autour de la Terre ou de s'élancer vers la Lune ou Mars, l'homme est handicapé par sa taille, sa fragilité physique, ses besoins en air, en eau et en nourriture. Les satellites et les sondes spatiales automatiques peuvent en revanche tirer un parti maximum de la révolution de la micro-électronique : leurs dimensions se réduisent alors que leurs capacités s'accroissent. La prochaine génération des satellites français d'observation de la Terre Spot, utilisant une petite plate-forme, sera ainsi trois à cinq fois plus légère que les engins actuels. La sonde interplanétaire Mars Pathfinder, qui s'est posée sur la planète rouge en 1996, a été lancée par une fusée de classe moyenne Delta-2, alors que les Viking des années 1970 sont partis sous la coiffe de gros lanceurs Titan-3, dix fois plus puissants. Tous les engins d'exploration du système solaire prévus pour les années 2000 sont bien plus petits que les énormes sondes Galileo et Cassini-Huygens, qui ont pris respectivement la route de Jupiter et de Saturne en 1989 et en 1997. En conséquence, leurs missions sont plus économiques. Elles ne coûtent que quelques centaines de millions de dollars, contre des milliards de dollars du temps des Viking. Avec les automates du cosmos, la révolution du *« faster, better, cheaper »* est en marche.

La NASA et ses partenaires internationaux vont dépenser des fortunes pour maintenir en activité quelques astronautes autour de la Terre, pendant que des robots découvriront les merveilles du système solaire. Et à l'horizon de 2030, lorsque la technologie

Les robots spatiaux sont probablement l'avenir de l'humanité dans l'espace, mais ils ne ressembleront pas à ceux que la science-fiction place aux côtés des hommes dans le futur cosmique. Certains des robots de cinéma sont devenus (presque) plus célèbres que les héros des films comme Artoo-Detoo et See-Threepio dans la *Guerre des étoiles*, ou Robby de *Planète Interdite*, qui savait tout faire en utilisant les ressources extraterrestres.

permettra peut-être d'envoyer des êtres humains dans le cosmos pour dix fois moins cher, au rythme actuel du développement de la micro-informatique (qui devrait se poursuivre, et peut-être s'accélérer), les puces électroniques seront… un million de fois plus puissantes et approcheront de la capacité de traitement de l'information d'un cerveau humain.

Des robots aux extraordinaires performances

Les robots spatiaux des prochaines décennies développeront des capacités d'étude des astres du système solaire difficiles à imaginer : de plus en plus autonomes, ils pourront prendre des initiatives dans leurs recherches; grâce à leur gigantesque mémoire, ils emmagasineront les connaissances d'un grand nombre de disciplines scientifiques et se comporteront comme des experts dans leurs périples d'exploration, capables d'identifier les objets et les phénomènes vraiment

Ses muscles sont des micro-moteurs électriques et ses neurones des microprocesseurs : Cog est l'un des robots les plus avancés construits, par Rodney Brooks, au Massachusetts Institute of Technology (MIT). Il n'est pas programmé, mais il est capable d'apprendre «comme un bébé» à reconnaître les objets autour de lui et à les saisir. Il a également appris à reconnaître un être humain et à le regarder «dans les yeux». La capacité de découvrir un environnement inattendu sera sans doute très importante pour les futurs robots explorateurs du système solaire. Ceux-ci n'auront pas la forme anthropomorphique de Cog, inutile dans le cosmos. Mais ils pourraient ressembler à Attila, un autre robot du MIT, qui évoque un insecte.

Le robot Robby dans *Planète interdite*, film de Fred M. Wilcox, 1956. Le robot androïde Cog, Massachusetts Institute of Technology.

importants; ils bénéficieront des progrès d'une autre technique – celle des «micromécanismes» (Micro Electro Mechanical Systems ou MEMS) – grâce à laquelle ils pourront devenir de plus en plus petits et mobiles, tout en transportant des laboratoires miniatures pouvant réaliser *in situ* des analyses physiques, chimiques et biologiques complexes. Des laboratoires américains étudient déjà des projets de «drones» miniatures : de la taille d'un colibri, ils intègrent une caméra et des moyens de transmission et pourraient aller espionner discrètement n'importe qui n'importe où. Les explorateurs spatiaux de demain pourraient eux aussi être minuscules et parcourir par dizaines, par centaines, voire par milliers, les canyons martiens, les lacs d'éthane de Titan ou les océans d'Europa.

Cette révolution des nanotechnologies n'a pas été anticipée par les grands précurseurs de l'astronautique. Elle remet en cause les scénarios traditionnels de découverte du système solaire. Mais les hommes peuvent-ils renoncer à être les premiers sur la frontière de l'exploration?

La réalité virtuelle et le cosmos

En fait, depuis 1972, il en est déjà ainsi : les magnifiques photographies de Mars, de Vénus, de Jupiter, de Saturne, d'Uranus et de Neptune, et de leurs satellites, ont été transmises par des sondes automatiques Mariner, Pioneer, Viking, Voyager, Galileo, Magellan; leur beauté est en outre transcendée par les capacités des caméras électroniques, bien plus sensibles que l'œil humain, pouvant obtenir des images dans des domaines de longueurs d'onde – infrarouge, ultraviolet, radar – que l'homme ne perçoit pas. Certaines missions déjà accomplies se situent au-delà de ce que feront jamais des astronautes : l'atterrissage sur l'étoile du Berger des sondes soviétiques Venera et Pioneer-Vénus;

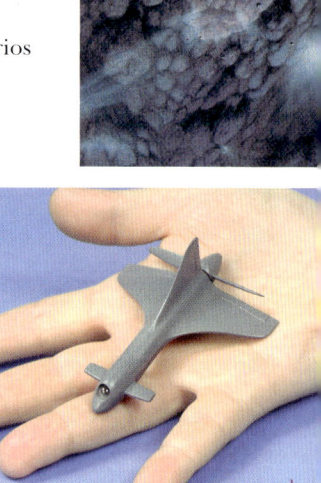

Drone miniature MAV, conçu par le Lincoln laboratory du MIT. La sonde Champollion sur une comète, peinture de Pat Rawlings.

la plongée d'une partie de la sonde Galileo dans l'atmosphère de Jupiter. Aucun observateur humain ne verra jamais de ses propres yeux les étonnants paysages vénusiens révélés par le radar de Magellan.

L'étude du système solaire s'inscrit déjà dans le domaine de la réalité virtuelle, qui est au cœur de la révolution de la «société de l'information». Il en est de même, en fait, de la plupart des disciplines scientifiques : les biologistes ont pris l'habitude de voyager au sein du corps humain ou au milieu de molécules, modélisées sur les écrans d'ordinateur; les physiciens font de même avec les noyaux atomiques et les particules élémentaires; les paléontologues recréent l'aspect des premiers *Homo sapiens* et les archéologues se promènent dans Rome reconstituée. L'homme peut désormais «voir» ce qui, sans le progrès technique, lui serait resté à jamais caché, dans le passé,

Les robots spatiaux ne pourront pas approcher trop près de la fournaise solaire (même si la sonde Solar Probe de la NASA pourra passer à moins de 3 millions de km du Soleil en 2007), ni plonger dans les grandes profondeurs de l'atmosphère des planètes géantes, où règnent des pressions insoutenables. Mais tout le reste du sytème solaire leur est ouvert. Certaines missions d'une complexité extrême sont déjà prévues : un atterrissage sur une comète par exemple. Les comètes sont considérées comme les «pierres de Rosette» de l'étude du système solaire. La sonde européenne qui partira en 2003 pour effectuer un rendez-vous en 2011 avec la comète Wirtanen s'appelle donc «Rosetta». Et un projet américain qui permettrait de ramener sur Terre des échantillons de comète, a pris le nom de Champollion. Ces sondes, de plus en plus performantes, vont aussi devenir de plus en plus petites, comme ces minuscules robots volants construits au MIT.

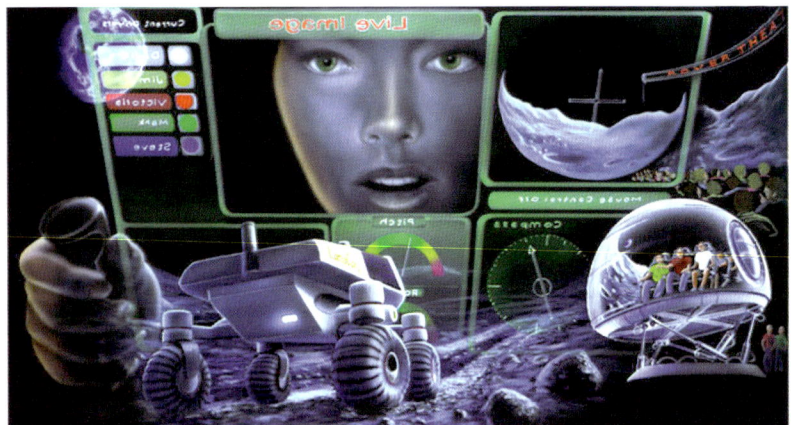

dans l'infiniment petit ou dans l'infiniment grand. Il n'a aucune raison de jalouser les robots qui vont parcourir les routes du système solaire : ces automates de plus en plus évolués sont ses créatures, qui obéissent à ses ordres et lui transmettent toutes les informations recueillies.

Tous ensemble dans le village interplanétaire

Au cours des prochaines décennies, ce sont donc des robots, construits en coopération par de nombreux pays, et en premier lieu par les Américains et les Européens, qui vont partir «tous ensemble dans l'espace». Tous ces automates, de plus en plus sophistiqués, vont tisser une grande «toile» à travers le système solaire. Ils vont former un grand réseau, utilisant des techniques semblables à celles de l'Internet, pour communiquer et interagir avec les êtres humains restés sur Terre.

Une société américaine envisage ainsi de placer sur la Lune un petit véhicule télécommandé, avec une caméra panoramique dont les images seraient l'attraction d'un parc de loisirs ; les visiteurs pourraient diriger ce véhicule vers les cratères, les collines, les rochers qui les attirent : une forme virtuelle du tourisme spatial qui pourrait se concrétiser

En 1998, la NASA a fait de sa sonde Pathfinder, posée sur le sol de Mars, le premier site Web en dehors de la Terre. Tout internaute pouvait se connecter à la surface martienne, par l'intermédiaire du système de communication interplanétaire de la NASA relié pour l'occasion au réseau Internet. Cette expérience symbolique va se généraliser et il sera possible d'avoir chez soi, en direct, les dernières nouvelles de Jupiter ou de Saturne. Avec le temps, les internautes seront les vrais astronautes.

Projet de parc scientifique avec retransmission d'images en direct de la Lune, vues d'artiste.

rapidement et concerner bien davantage d'enfants, de femmes et d'hommes que de véritables voyages touristiques dans le cosmos!

Les robots explorateurs du cosmos au XXIe siècle seront d'abord en contact avec les ingénieurs et les scientifiques, mais rien n'interdira à tout un chacun de se connecter à eux sur la «toile» et d'avoir en direct des nouvelles et des images de Mars, de Jupiter, de Saturne. L'extension de l'Internet au système solaire permettra à des millions de personnes de participer à la conquête de l'espace, cette aventure qui ne concernait autrefois que quelques individus.

Après le «village planétaire», rendu possible par les satellites artificiels de la Terre, c'est le «village interplanétaire» qui s'annonce. Les sites spatiaux de ce village resteront-ils toujours peuplés de robots? Ou bien certains seront-ils, un jour, occupés par des êtres humains? Si l'objectif est la recherche de connaissances, cette évolution sera inutile. Mais la tendance expansionniste de l'humanité, qui s'est manifestée au long des âges, peut conduire, malgré tout, des hommes et des femmes à vouloir partir un jour dans le cosmos pour d'autres raisons que le progrès de la science.

Installés dans un simulateur, comme ceux des grands parcs d'attractions, les visiteurs ne participent pas à un spectacle virtuel avec des images de synthèse. Les images qu'ils ont sous les yeux sont tout à fait réelles, transmises en temps réel par la caméra panoramique à haute résolution d'un petit robot lunaire; les mouvements dont le simulateur donne l'illusion reproduisent fidèlement ceux du robot. Les spectateurs explorent à distance la Lune. Et, plus tard, les volcans de Mars, les glaces d'Europa. N'est-ce pas là le véritable tourisme spatial?

Au moment même de la catastrophe de Challenger, la NASA tente de «rebondir» vers la Lune et Mars. Elle s'appuie pour cela sur trois rapports, établis entre 1985 et 1988, qui recommandent l'augmentation des dépenses spatiales des États-Unis et le développement de vols spatiaux habités au long cours.

La conquête de l'espace : une nouvelle frontière

Mise en place par le président Ronald Reagan, la Commission nationale de l'Espace est formée d'experts indépendants de la NASA, qui doivent préparer le programme spatial des États-Unis pour un demi-siècle. Un mandat ambitieux que ses membres, parmi lesquels le premier homme à avoir franchi le mur du son, Charles Yaeger, et le premier astronaute sur la Lune, Neil Armstrong, traduiront dans l'esprit des anciens projets de Von Braun : l'humanité doit s'installer dans le système solaire.

L'esprit pionnier fait partie du patrimoine de l'humanité. C'est au courage de ses pionniers que l'Amérique doit son existence et qu'elle a atteint sa grandeur. Dans les dernières décennies, une nouvelle frontière s'est ouverte devant nous, lançant à l'humanité son défi le plus grand et le plus prometteur: la frontière de l'espace. […]
Outre la recherche scientifique fondamentale, nous proposons que des missions explorent l'espace et en étudient les ressources dans un but utilitaire pour l'homme. La conséquence naturelle de ces prospections serait l'établissement futur d'un grand nombre de personnes qui travailleront sur des bases situées en orbite autour de la Terre, sur la Lune et ensuite sur Mars, ce qui marquera le début de la colonisation de vastes portions du système solaire proche.
Vivre dans l'espace ne sera pas compliqué, même si pour leur santé sur une longue période, les hommes et les plantes dont ils auront besoin nécessitent de l'air, de l'eau, de la lumière, une protection contre les radiations et sans doute une force de gravité. Des progrès techniques permettront de disposer de tous ces éléments dans l'espace; il est possible de recycler la nourriture, l'oxygène, et l'eau dans une biosphère artificielle; le sol lunaire, dont le transport depuis la Lune nécessiterait peu d'énergie, peut offrir une protection contre les radiations solaires et cosmiques; et on peut obtenir une gravité artificielle grâce à la rotation. En cas de maladie ou d'accident, il est possible de ramener quelqu'un sur Terre en quelques jours à partir d'un point aussi éloigné que la Lune. C'est pourquoi la région située entre la Terre et la Lune est tout indiquée pour une production

industrielle dans une première phase ainsi que pour les essais de prototypes de vaisseaux spatiaux et des équipements de survie pour des voyages ultérieurs vers Mars et ses satellites.

Pour permettre la réalisation de ces projets, la Commission préconise :
– La poursuite des missions non habitées, mettant en œuvre des robots orbitaux et des mesures sur le terrain afin de découvrir et de sélectionner les matériaux exploitables sur la Lune, sur Mars et ses satellites ou sur des astéroïdes faciles d'accès. Il faudrait donner une priorité absolue à la recherche de glaces près des pôles de la Lune, à l'évaluation des ressources en eau et en hydrocarbures de Phobos, de Deimos et des couches superficielles de Mars, et à l'inventaire et l'analyse de tous les astéroïdes qui passent à proximité de la Terre.
– Des missions de collecte d'échantillons sur des sites choisis de la Lune, de Mars et de ses satellites et des astéroïdes les plus faciles d'accès. Une fois que ces missions de prospection auront déterminé la présence de substances chimiques utiles, il faudra que des missions de collecte d'échantillons en rapportent en quantité suffisante pour qu'on puisse analyser ces minéraux et mettre en œuvre des industries nouvelles fondées sur leurs propriétés chimiques et physiques.
– L'exploration et l'étude, par des vols habités ou non, de vastes étendues et de sites particuliers de la Lune et de Mars. Cette entreprise commencera sur la Lune avec des véhicules téléguidés depuis la Terre, et sur Mars avec des véhicules indépendants grâce à une intelligence artificielle appropriée. Les premiers équipages d'astronautes, qui partiront d'avant-postes et de bases sur la Lune ou sur Mars, suivront ces robots.
– Des avant-postes et des bases habitées dans le système solaire proche. Le long de la frontière de l'espace exploré, des habitations aux conditions de vie les plus naturelles possibles ainsi que des sources d'énergie seront nécessaires pour accueillir les équipages et, à terme, leurs familles pour les missions de longue durée. Maintenir en bonne santé le personnel, qu'il soit chargé de missions scientifiques, d'exploration ou d'exploitation, certains étant soumis à une gravité inférieure à celle de la Terre, exige un progrès des connaissances qui permette de mettre au point des systèmes adéquats. Parvenir à des séjours de longue durée dans l'espace, en tirant parti des ressources locales, est une condition indispensable pour le développement des connaissances, de l'exploration et de l'exploitation industrielle.

Pioneering the Space Frontier,
Rapport de la Commission nationale de l'espace,
Bantam Books, 1986, traduction Pierre de Laubier

L'exploration du système solaire par l'homme au XXIe siècle

La NASA applaudit les conclusions de la Commission nationale de l'Espace et confie à la première Américaine de l'espace, Sally Ride, la direction d'un groupe chargé de préparer un plan de retour sur la Lune et de conquête de Mars. Les premiers voyages martiens doivent avoir lieu avant 2019. Un scénario en trois étapes est proposé.

Trois expéditions distinctes vers Mars sont envisagées; pour toutes trois, une méthode de transport fractionné serait tout indiquée. Pour la première expédition, un vaisseau cargo transportant le module de débarquement (comprenant l'unité d'habitation de surface, l'équipement d'exploration et le véhicule d'ascension) et le carburant chimique pour le retour sur terre serait expédié sur une trajectoire économe en énergie au début du XXIe siècle, peut-être en 2005.
À l'arrivée, ce vaisseau serait placé en orbite autour de Mars en attendant l'arrivée des astronautes. Trois mois plus tard environ, un vaisseau et son équipage de huit hommes seraient envoyés vers Mars sur une trajectoire plus coûteuse en énergie, mais plus directe.
À l'issue d'un voyage de huit mois, le vaisseau habité rejoindrait le vaisseau cargo dans l'orbite de Mars. Quatre membres d'équipage monteraient à bord du module de débarquement et partiraient pour une mission d'exploration de vingt jours sur le sol de Mars. Les quatre autres membres d'équipage procéderaient au ravitaillement en carburant du vaisseau habité à partir du vaisseau cargo, mèneraient à bien des études scientifiques depuis leur orbite martienne et apporteraient contrôle et assistance à la mission en cours au sol. Au bout d'une trentaine de jours sur Mars, l'équipe au sol regagnerait le vaisseau resté en orbite, qui repartirait pour la Terre, où il arriverait six mois plus tard. La durée totale de la mission serait d'un peu plus de quatorze mois.

Au-delà du périmètre de la Terre,
Rapport à l'administrateur de la Nasa, 1988,
traduction Pierre de Laubier

À la croisée des chemins

Le président George Bush fait des plans de la NASA un grand projet national : l'Initiative d'Exploration Spatiale, qui doit placer les États-Unis au premier rang technologique dans le monde.

L'Amérique est à la croisée des chemins. Notre programme spatial national est soumis à des regards scrutateurs. Beaucoup posent des questions semblables à celles qui se faisaient entendre au temps héroïque d'Apollo : À quoi servent les missions spatiales de grande envergure ? Comment faire face à ces énormes dépenses ? Quel est l'intérêt d'une présence humaine dans l'espace ?

Les grandes nations ont toujours été colonisatrices, attirées par les grands espaces et les nouvelles frontières. La nouvelle frontière du monde industrialisé du XXIe siècle, c'est l'espace. Au cours du XXIe siècle, le profit qu'on pourra tirer de l'espace et la technologie nécessaire pour s'y rendre seront de plus en plus importants. Nous, Américains, devons nous demander quel rôle nous jouerons dans la conquête du système solaire par l'homme ; meneurs, suiveurs ou simples spectateurs ?
Il y a trente ans, l'organisation politique bipolaire du monde nous a contraints à relever le défi de la course à l'espace. Le défi en face duquel nous nous trouvons à présent n'est pas moins exigeant ni moins décisif qu'au plus fort de la guerre froide. Le monde a changé. C'est notre prépondérance non seulement politique qui est en jeu, mais aussi économique et technique. L'Initiative américaine d'exploration spatiale rendra à l'Amérique son premier rang mondial dans ce domaine. Une prise de conscience générale se manifeste à propos de la protection de la nature et des ressources naturelles. Ces questions sont si vastes, si complexes et si longues à traiter que peu d'entre elles peuvent recevoir une réponse rapide, en dépit de l'épuisement des ressources. Presque tout le monde convient que l'avenir de toutes les nations dépend des techniques de pointe. Les connaissances scientifiques et techniques que l'Initiative d'exploration spatiale suppose ouvrent de larges perspectives qui permettront de traiter les problèmes du monde. En explorant l'espace, nous aboutirons à une meilleure connaissance aussi bien de nous-mêmes que de notre planète. [...]

Rapport du groupe de synthèse sur l'Initiative américaine d'exploration spatiale, Us Government Printing Office, Washinghon, 1991,
Traduction Pierre de Laubier

3 Les rêves des nouveaux pionniers

**L'ESPACE LOINTAIN APPARTIENDRA-T-IL AUX SEULS ROBOTS?
OU BIEN L'HOMME TROUVERA-T-IL DE BONNES RAISONS
DE VOYAGER ET DE S'INSTALLER À DEMEURE DANS LE COSMOS?
AU PREMIER RANG DES MOTIVATIONS POSSIBLES :
L'EXPLOITATION DES «RICHESSES» DU SYSTÈME SOLAIRE.**

Double page précédente :
Biosphere-II, expérience
de système écologique clos,
près de Tucson, Arizona.

Exploitation minière sur
un satellite de Jupiter, image
de *Outland* de P. Hyams, 1981.

Les rêves des nouveaux pionniers

La conquête de la Lune avait donné l'illusion qu'un mouvement irrésistible était engagé et que le système solaire était «à portée de main». Entraînant le reste de la planète dans leur élan, les États-Unis entreprennent alors de réaliser les plans de Von Braun visant une large occupation du système solaire par l'homme. Mais ces plans n'ont cessé de prendre du retard, tandis que progressent rapidement les automates et les robots spatiaux lancés au service de la société de l'information et de l'exploration du système solaire. Des visionnaires – scientifiques, ingénieurs ne faisant pas partie des institutions – n'acceptent pas cette situation et s'interrogent : pourquoi et comment des hommes pourraient-ils voyager et s'installer dans le cosmos? Leurs rêves rejoignent ceux du premier des grands précurseurs, Constantin Tsiolkovsky, qui, dès la fin du XIXe siècle, avait une vision très philosophique de l'espace : le destin de l'humanité est cosmique.

Coloniser l'espace a-t-il un sens?

Ces nouveaux pionniers de l'espace estiment qu'il serait possible de mettre en œuvre de nouvelles technologies permettant à l'humanité d'avancer très vite dans le cosmos avec des robots, mais aussi avec des astronautes et des «colons». Selon eux, la principale motivation de la «colonisation de l'espace» serait de nature économique, comme celle de l'expansion occidentale sur le globe. Mais la notion de richesses

cosmiques diffère profondément de celle des richesses coloniales : on ne trouvera dans l'espace ni épices, ni filons de métaux précieux, ni… esclaves!

Hors de la Terre, trois catégories de ressources constituent des richesses : les premières sont les facilités offertes par un positionnement dans le cosmos pour l'acquisition et la diffusion d'informations, base des applications actuelles des techniques spatiales; viennent ensuite les caractéristiques uniques de l'environnement spatial (absence de pesanteur, disponibilité d'un volume infini d'un vide d'une excellente qualité, présence d'un rayonnement solaire permanent); enfin, les matériaux qui forment les planètes, les satellites, les astéroïdes et les comètes.

Expédition sur Deimos, peinture de P. Rossi, 1960. Expédition Erebus en Antarctique, 1994.

La conquête de l'espace, commencée au XXe siècle avec les vols spatiaux autour de la Terre, et les missions Apollo sur la Lune, doit-elle se prolonger par la «colonisation» du cosmos? Le mot «colonisation» est très mal choisi. Il évoque tout d'abord la domination de la plus grande partie du monde par les puissances européennes, qui s'est établie entre le XVIe et le début du XXe siècle à la suite des grands voyages d'exploration entrepris à travers les océans et les continents. Il est ensuite associé à la recherche de ressources matérielles rares : les épices, et surtout l'or, l'argent… Mais la Terre, riche de toutes les ressources de la nature, a-t-elle besoin des «matériaux extraterrestres»? La réponse est non. Si des hommes s'installent un jour dans le cosmos, ce sera pour d'autres raisons. Mais lesquelles?

La centrale solaire de Peter Glaser

La présence permanente du rayonnement solaire dans le cosmos mérite d'être considérée avec attention. Au niveau de l'orbite de la Terre, le flux d'énergie solaire vaut 1 400 watts par mètre carré, ce qui correspond, pour chaque kilomètre carré, à la puissance d'un réacteur nucléaire! Un kilomètre carré? Une structure spatiale de cette envergure n'est pas inimaginable en l'absence d'atmosphère et de pesanteur : les efforts subis sont faibles et une grande construction peut être très légère. Reste bien sûr à l'assembler (cela implique le travail de dizaines ou de centaines d'astronautes ou de robots), après avoir trouvé les moyens de capter l'énergie solaire dans l'espace et de l'envoyer sur la Terre.

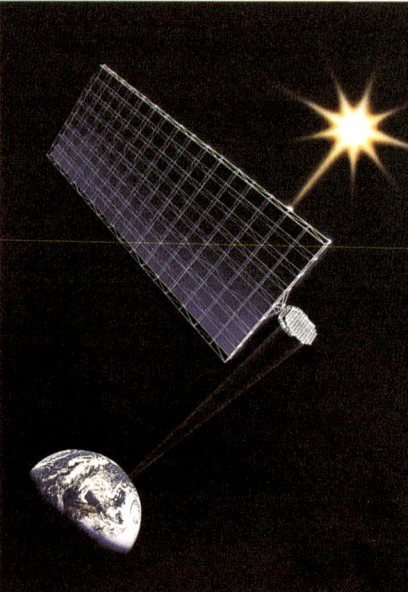

Peter Glaser, un ingénieur d'origine tchèque réfugié aux États-Unis après la guerre, a proposé en 1968 le concept de centrale solaire spatiale, dans un article de la revue *Science*. Il imagine de placer sur orbite géostationnaire un vaste panneau de photopiles transformant directement les rayons solaires en électricité qui est ensuite convertie en micro-ondes et transmise vers la Terre à la manière d'une émission de radio ou de télévision; ces ondes, qui traversent fort bien les nuages, sont captées par une grande antenne (appelée «rectenna») et reconverties en électricité. L'énergie recueillie est enfin distribuée sur le réseau électrique.

Le concept proposé par Peter Glaser ne fait apparaître aucune impossibilité technique. La NASA et le département de l'Énergie des États-Unis l'ont étudié sérieusement entre 1979 et 1982, aux heures sombres de la crise du pétrole. Mais il se situe à une échelle sans

Les centrales solaires spatiales étudiées au début des années 1980 sont gigantesques : 10 km de long et 5 km de large... Leur masse est de 50 000 tonnes (plus de cent fois celle de l'ISS), qu'il faut transporter en orbite géostationnaire à 36 000 km d'altitude. Leur puissance est de 10 gigawatts, autant que deux unités nucléaires comportant chacune quatre réacteurs.

Panneau solaire dans l'espace, vue d'artiste, 1979. Concept de satellite à énergie solaire, peinture de Pat Rawlings, 1997.

LES RÊVES DES NOUVEAUX PIONNIERS 75

aucune commune mesure avec les activités spatiales de 1968, ni même avec celles des années 2000 ou 2020.

En effet, le problème est celui de l'économie du système. La mise en place de centrales solaires spatiales n'aurait de sens qu'avec un coût du transport vers le cosmos réduit d'un facteur cent et des opérations se rapprochant de celles de l'aviation. Le trafic entre la Terre et l'espace devrait être multiplié par mille (posant du même coup un problème de pollution atmosphérique créée par des flottes de dizaines d'énormes avions-fusées). Or, la technologie spatiale autorisant ce changement d'échelle ne sera pas prête avant de nombreuses décennies. L'idée de Peter Glaser, très en avance sur son temps, ne doit pourtant pas, à long terme, être négligée. La NASA l'a examinée à nouveau à la fin des années 1990, estimant possible de concevoir des centrales solaires spatiales plus petites et moins puissantes, évoluant plus près de la Terre, et adaptées, par exemple, aux besoins énergétiques du tiers-monde.

Les technologies avancées des années 1990 permettent à la NASA d'imaginer des centrales solaires spatiales plus légères que celles de Peter Glaser, tournant près de la Terre, avec des panneaux solaires ultrafins, irisés comme des ailes de papillons. Ces centrales, évoquant une longue tige couverte de fleurs, mesurent cependant encore des kilomètres, et leur masse reste de plusieurs centaines de tonnes. Verront-elles le jour au XXIᵉ siècle?

L'hélium-3, une autre source d'énergie spatiale

De l'énergie qui viendrait de l'espace ? Cela ne serait pas impossible dans la seconde moitié du XXIe siècle. Mais à long terme, les données du problème énergétique auront peut-être complètement changé : processus industriels plus économes, générateurs solaires produisant directement de l'hydrogène, exploitation de l'énergie thermique des océans et des courants marins. Inversement, il se pourrait que l'enrichissement du tiers-monde, dans le contexte d'une volonté de réduction des causes de l'«effet de serre», rende très attrayante une solution spatiale particulièrement «propre».

La Lune recèle dans les couches superficielles de son sol une substance rare, l'«isotope-3», de l'hélium, dont le noyau contient deux protons et un neutron. Sur la Terre n'est présent, de façon significative, que l'hélium-4 (avec deux neutrons dans son noyau). Pourquoi la Lune est-elle mieux lotie ? Parce qu'elle est soumise au bombardement du «vent solaire», un flux de particules qui comprend de l'hélium-3 formé dans le Soleil. Peu à peu, l'hélium-3 s'accumule ainsi à la surface lunaire. Au prix de grands travaux de terrassement, il serait possible de l'extraire et de le transporter sur la Terre. Quel usage en ferait-on ? Aujourd'hui aucun. Mais dans quelques décennies, l'hélium-3 pourrait être le meilleur combustible pour des réacteurs à fusion nucléaire.

Les centrales atomiques actuelles fonctionnent suivant le principe de la fission nucléaire, qui consiste à «casser» des noyaux d'éléments chimiques lourds comme l'uranium et le plutonium. Le Soleil et les bombes H tirent leur énergie d'une autre source : la fusion nucléaire, dans laquelle des noyaux d'éléments chimiques légers se réunissent. Dans la perspective de faire de la fusion une source d'énergie commerciale, les travaux actuels,

La Lune, défigurée et creusée de longues tranchées, deviendra-t-elle une gigantesque mine : le risque existe car l'extraction de l'hélium-3 sur la Lune pourrait se révéler un jour utile et avantageux.

Supraconducteur Tore Supra, Commissariat à l'énergie atomique, Cadarache. Roche lunaire prélevée par la mission Apollo-12, novembre 1969.

en Europe, aux États-Unis, au Japon et en Russie, portent sur la fusion d'atomes d'«hydrogène lourd». Mais cette technique conduirait à des réacteurs nucléaire polluants : elle produit des déchets radioactifs. Certaines réactions de fusion faisant intervenir l'hélium-3 seraient en revanche «propres». Leur intérêt pourrait être immense pour l'avenir énergétique de la planète à condition de trouver une source d'hélium-3!

Le sol lunaire, comme ce petit morceau de roche, détient-il le secret d'une énergie nucléaire propre pour la fin du XXIe siècle? Pour que l'hélium-3 lunaire puisse devenir un combustible précieux, il faut que les travaux sur la fusion thermonucléaire accomplissent des progrès considérables : en effet, les réacteurs thermonucléaires expérimentaux, comme le Tore Supra du CEA, consomment encore plus d'énergie qu'ils n'en produisent. Il faudra sans doute attendre 2020 ou 2030 pour qu'ils soient opérationnels, et encore plusieurs décennies pour que les techniques utilisant l'hélium-3 soient maîtrisées. À cet horizon, il vaudra peut-être mieux aller chercher l'hélium-3 dans l'atmosphère de Neptune!

La Lune pourrait être une solution, mais les infrastructures à construire comme les travaux à conduire seraient gigantesques. Le problème, par son ampleur, est comparable à la réalisation des centrales solaires spatiales.

Produire directement dans le cosmos

Si les activités dans le cosmos cessent, un jour, d'être purement informationnelles, mais portent sur de la matière et de l'énergie comme les usines d'extraction de l'hélium-3 lunaire ou les centrales solaires spatiales imaginées par Peter Glaser (même si elles ne voient le jour qu'en 2050 ou 2100), elles devront changer totalement de nature. Depuis les débuts de l'astronautique, toutes les fusées, toutes les sondes évoluant dans le cosmos, tous les satellites sont venus de la Terre. Il en sera encore ainsi pendant longtemps. Mais sur le plan énergétique, cette solution est une hérésie : il serait plus économique d'utiliser des matériaux déjà présents dans l'espace, sur la Lune ou dans certains astéroïdes, pour fabriquer directement dans le cosmos les propergols, les réservoirs, les satellites, les sondes, les stations orbitales dont l'exploration spatiale a besoin.

Car dans l'espace, ce n'est pas la distance qui compte, mais l'énergie nécessaire pour aller d'un point à un autre. L'orbite géostationnaire est ainsi dix fois plus près de la Terre que de la Lune; mais si l'on veut transporter un objet sur cette orbite, il faut vingt fois moins d'énergie si l'on part de la Lune plutôt que de la Terre. Autrement dit, il vaudrait mieux construire les satellites de télécommunications sur la Lune!

Pourquoi ne le fait-on pas? Parce que le «ticket d'entrée» est beaucoup trop élevé : il faudrait d'abord créer

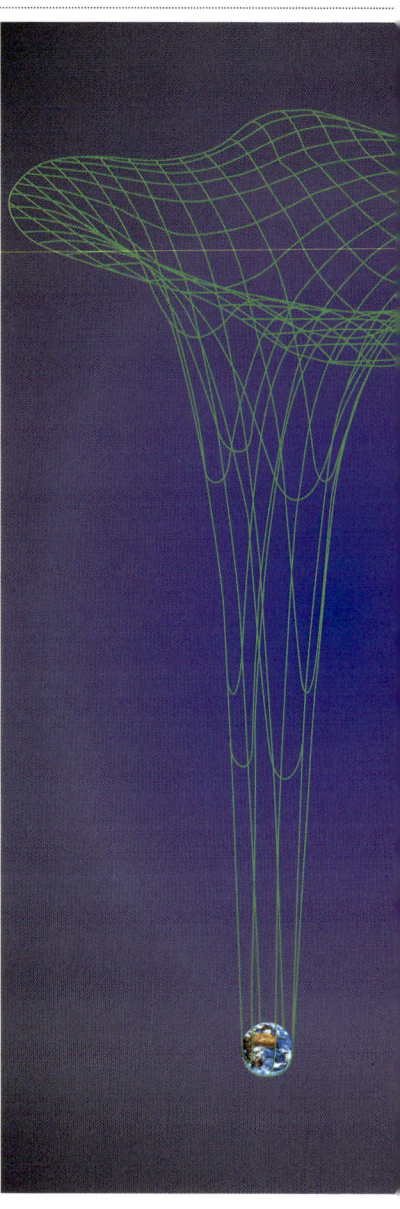

sur la Lune des mines pour extraire du sol tous les matériaux nécessaires – métaux, semi-conducteurs, oxygène, etc. –, puis construire des usines de production de fusées, de satellites ou de stations orbitales; le coût d'une telle opération se chiffrerait en milliers de milliards de dollars pour réaliser quelques dizaines de satellites de télécommunications par an, d'une valeur totale de 1 à 2 milliards de dollars.

Le problème serait différent s'il s'agissait de produire en série d'immenses infrastructures comme les centrales solaires spatiales de Peter Glaser : une seule de ces centrales générerait un revenu annuel de plusieurs milliards de dollars; il en faudrait des dizaines ou des centaines pour contribuer de manière significative aux besoins énergétiques de la planète. Alors les ressources lunaires pourraient être intéressantes à condition d'être exploitées par des hommes et des femmes vivant dans l'espace, autrement dit par des «colons du cosmos»!

Les colonies spatiales de Gerard O'Neill

L'un des grands visionnaires spatiaux de ces dernières décennies, le physicien Gerard O'Neill, a proposé en 1974 d'implanter de vastes colonies de peuplement directement dans le cosmos. Lorsqu'il publie son idée dans la revue *Physics Today*, O'Neill poursuit un but à la fois philosophique et écologique : montrer que de vastes habitats cosmiques pourraient être construits et offrir une alternative à la vie sur notre planète, en apportant une solution aux problèmes de population et d'environnement.

Cette idée lui est venue à la suite d'un projet de fin d'année confié à ses étudiants de l'Université de Princeton : concevoir

Puits de gravité de la Terre et de la Lune, infographie.

Albert Einstein l'a démontré avec sa théorie de la relativité générale : les objets célestes, comme la Terre et la Lune, déforment plus ou moins l'espace, selon leurs masses. De ce point de vue, la Terre se trouve au fond d'un «grand trou» gravitationnel : pour quitter les profondeurs de ce puits de gravité (la surface de la Terre), une sonde spatiale doit acquérir une énergie cinétique correspondant à une vitesse de 40 000 km/h! Le puits de gravité lunaire est environ vingt fois moins profond. Conclusion : pour voyager dans le cosmos, il vaudrait mieux partir de la Lune que de la Terre. La meilleure des solutions serait d'installer une base en un «point de Lagrange» du système Terre-Lune. Ces positions particulières, où un objet reste immobile par rapport aux deux astres, se trouvent sur les bords des «trous» lunaires et terrestres! Une «pichenette», et l'on pourrait partir sur les routes du cosmos.

un vaste habitat cosmique en utilisant non pas les techniques spatiales, mais celles du génie civil. La conclusion était surprenante : il serait possible de construire dans l'espace lointain, à l'aide de matériaux lunaires, une gigantesque station en forme de cylindre de 1 500 m de long et de 300 m de diamètre, abritant une population de 10 000 personnes, offrant une pesanteur artificielle, des paysages reconstitués, de l'air et de l'eau purs, de l'énergie solaire en abondance... Le concept de « colonie spatiale » était né ! On pouvait bien sûr augmenter la taille de l'habitat : une « colonie » de 15 000 m de longueur et de 1 500 m de diamètre abriterait plus de 1 million d'habitants. En multipliant les constructions de ce type, le déplacement d'une partie importante de la population terrestre dans le cosmos paraissait envisageable...

Sur le plan technique, le concept était intéressant, et a été pris en considération par la NASA, en mal d'idées à l'époque. Le but poursuivi, en revanche, était aberrant, sauf à vouloir, comme le souhaitait manifestement O'Neill, rompre avec la civilisation

Les nouveaux pionniers de l'avenir cosmique viennent d'horizons souvent fort éloignés des agences et de l'industrie spatiales. Gerard O'Neill est un physicien très connu dans le domaine des particules élémentaires. Sa réputation lui permet de publier ses idées de gigantesques habitats interplanétaires, dans *Physics Today* (organe de la puissante American Physical Society) qui auront même l'honneur de la couverture.

Gerard K. O'Neill. Colonie de O'Neill, dans *Physics Today*, 1974. Colonie sur un astéroïde, illustration de Scarfo, 1965.

terrestre actuelle et passer à une civilisation spatiale, ne dépendant plus de la Terre… O'Neill modifia rapidement son concept en imaginant que ses habitats spatiaux serviraient à construire les centrales solaires spatiales de Peter Glaser. Les colons qui choisiraient de s'établir dans le cosmos auraient donc une activité toute trouvée et contribueraient à résoudre les problèmes énergétiques des Terriens.

Un complexe industriel spatial

O'Neill va proposer alors la création d'un «complexe industriel spatial» s'étendant jusqu'à la Lune et comprenant une zone d'extraction des matières premières, la Lune et des zones d'exploitation des équipements spatiaux : l'orbite géostationnaire et les orbites basses autour de la Terre. Pour installer des habitats et des usines, O'Neill utilise des lieux particuliers du «système Terre-Lune» : les «points

O'Neill renoue avec une idée d'anciens précurseurs qui pensent que, pour peupler le cosmos, il faut s'installer sur la surface intérieure de vastes structures, où l'on recrée des champs, des forêts, des lacs, des villages… Chez O'Neill, ces structures sont artificielles, mais elles peuvent aussi être naturelles. Ici, un astéroïde a été creusé! La pesanteur, artificielle, est en fait une force centrifuge créée par la rotation de l'habitat.

de Lagrange». Au nombre de cinq (et numérotés de L1 à L5), ces points ont la propriété remarquable d'être fixes par rapport à la Terre et à la Lune. L'un de ces lieux cosmiques privilégiés, L2, peut être considéré comme une étape naturelle entre la Lune et la Terre. O'Neill a imaginé d'y installer les usines qui traiteront les matériaux lunaires. Les habitats spatiaux seraient, eux, disposés autour du point L5, dont le nom est devenu synonyme de colonie spatiale.

Les idées de O'Neill mettent l'accent sur la possibilité de concevoir autrement l'économie des systèmes spatiaux, en rendant autonomes les habitats, et en utilisant des ressources extraterrestres. Elles seraient sans doute mises en œuvre à des échelles plus modestes que celles des rêves pharaoniques du physicien. Car, au-delà des prochaines décennies, l'astronautique devra, si elle veut franchir une nouvelle étape et faire voyager des hommes dans le système solaire, utiliser des matériaux extraterrestres et recourir à des «cycles écologiques clos», c'est-à-dire à la réutilisation complète de l'air, de l'eau et des déchets, comme cela se passe sur Terre et devrait exister dans les colonies de O'Neill.

Robert Zubrin : Mars pour 2010

L'un des grands chantres des cycles écologiques clos et de l'exploitation des ressources extraterrestres est Robert Zubrin, un ingénieur qui a pris la tête du mouvement spatial américain après la disparition de Gerard O'Neill. Il est l'un des fondateurs de la Mars Society, créée pour promouvoir une conquête rapide de Mars. Son credo : il serait possible d'envoyer des astronautes sur la planète rouge en moins de dix ans, pour 50 milliards de dollars, un coût inférieur

à celui de la Station spatiale internationale. Zubrin envisage une expédition martienne minimale avec un modeste vaisseau, dont toutes les ressources sont recyclées, exploitant les ressources martiennes pour produire les propergols nécessaires au retour vers la Terre. Il estime que cette technique pourrait être mise au point très rapidement et servir, dès les premières années du XXIe siècle, pour les prochaines missions automatiques de reconnaissance de Mars.

Robert Zubrin joint les actes à la parole : dans un laboratoire du Colorado, il teste un appareil qui permettrait de fabriquer des propergols à partir des gaz de l'atmosphère martienne. Un tel système pourrait être déposé sur la planète rouge et ravitailler ensuite les sondes devant ramener des échantillons vers la Terre. Une version plus importante serait

Une colonie cosmique devrait fonctionner comme une petite Terre : tous ses éléments – air, eau, sol, plantes, animaux, humains – se suffiraient à eux-mêmes, les rejets des uns servant à faire vivre les autres dans une harmonieuse symbiose. Un tel cycle écologique clos est-il possible ? Un milliardaire américain a tenté l'expérience au début des années 1990, en faisant construire Biosphere-II : un vaste habitat en principe totalement isolé. Une équipe de huit cobayes y a vécu un an, en compagnie de 3 800 espèces animales et végétales. Mais les résultats n'ont pas été concluants – il a fallu rajouter régulièrement de l'oxygène. Cela n'empêche pas Robert Zubrin de mettre les cycles écologiques clos au cœur de ses idées de conquête rapide de Mars. L'échec de Biosphere-II est dû en effet à une erreur de conception, mais le principe reste valide. L'expérience a été depuis reprise par la Columbia University et fournit des données intéressantes.

Robert Zubrin, 1995. Biosphere-II : expérience de vie dans un milieu confiné.

utilisée, plus tard, par les vaisseaux devant ramener les premiers explorateurs humains de Mars. Pour améliorer l'économie de ces voyages, il serait possible aussi de faire escale à l'aller et au retour sur Phobos (l'un des deux petits satellites de Mars) pour y extraire de l'eau et des matières organiques, importantes à la fois pour d'éventuels astronautes et pour la production de propergols *in situ*.

Une nouvelle génération d'entrepreneurs

Le concept de débarquement accéléré sur Mars de Zubrin – dès 2010! – se heurte cependant au même problème que les programmes de la NASA : le coût du transport entre la Terre et le proche cosmos. Zubrin ne veut pas attendre que la NASA, avec son X-33, puis ses avions-fusées succédant à la navette, finisse par abattre cette barrière. Il fait partie d'un groupe d'ingénieurs et d'investisseurs américains, passionnés par la conquête du cosmos, qui ont créé à la fin des années 1990 des sociétés privées visant la réalisation de petits et moyens lanceurs réutilisables.

Leur but? Retrouver l'esprit pionnier qui, selon eux, a déserté la NASA et les grands industriels, faire baisser rapidement les prix et s'imposer sur le marché des lancements commerciaux face aux «dinosaures cosmiques» – Ariane-5, Atlas-V, Delta-4 et, bien sûr, la navette. Ces sociétés, qui ont pour nom Kistler, Kelly, Rotary Rocket et Pioneer Rocketplane (la société de Robert Zubrin), ont-elles une chance de réussir et de menacer Ariane-5 et

La fusée réutilisable de Kistler Aerospace devrait (en l'an 2000?) décoller d'Australie et placer près de la Terre une charge utile de plusieurs tonnes pour un prix imbattable : environ 12 000 F/kg, soit cinq fois moins cher qu'avec les fusées existantes (Ariane, Atlas, Delta). Son secret : ses deux étages sont récupérés dans le désert et remis en état à peu de frais. Mais les nouveaux pionniers du cosmos ont bien du mal à rassembler les fonds dont ils ont besoin!

LES RÊVES DES NOUVEAUX PIONNIERS 85

ses consœurs? Certains concepts techniques proposés sont intéressants : le lanceur de Kistler, qui ressemble à une fusée conventionnelle à deux étages, mais réutilisable des dizaines de fois (grâce en particulier à l'emploi des excellents moteurs construits par les Russes pour la conquête lunaire!); l'avion spatial de Kelly, qui décolle avec des réservoirs presque vides et se fait ravitailler en vol avant de s'élancer pour le cosmos. Peu de ces projets iront toutefois à leur terme, pour des raisons techniques ou financières. Mais leur existence démontre l'enthousiasme et le dynamisme de toute une génération d'entrepreneurs, qui piaffent d'impatience face à la lenteur des progrès des techniques spatiales et veulent conquérir le cosmos à leur manière.

Mars, une seconde Terre grâce au «terraforming»

Robert Zubrin ne veut pas seulement aller très vite sur Mars. Il veut rendre la planète rouge habitable, et doubler ainsi la surperficie dont l'humanité

À la NASA, des ingénieurs rêvent aussi : le programme «Future X» est destiné à tester des technologies avancées permettant de construire un avion spatial, ne nécessitant qu'un modeste «spatioport» pour gagner le cosmos aussi facilement qu'un Airbus rallie New York. Son lancement coûterait cent fois moins cher que celui des fusées de l'an 2000! Mais il ne verra peut-être le jour que dans plusieurs décennies, au mieux.

Fusée K-1 réutilisable
Projet d'avion spatial
et de spatioport, peinture
de Pat Rawlings, 1997.

dispose dans le système solaire. Son concept, qui fait de Mars une seconde Terre, repose sur le «terraforming», une opération qui consiste à utiliser les ressources d'un astre pour créer une atmosphère respirable, des rivières, des mers. C'est le plus grand projet de «génie civil» jamais envisagé par l'humanité!

En principe, Mars s'y prêterait bien. Selon certains scientifiques, le sous-sol de la planète rouge recèle d'immenses quantités de glace, au sein d'un sol gelé en permanence comme le permafrost sibérien. En outre, ses calottes polaires sont largement formées de gaz carbonique, qui, libéré en partie dans l'atmosphère, provoquerait un effet de serre et, partant, un réchauffement de la planète. Une fois enclenché, le processus évoluerait suivant un «cercle vertueux» : la température plus élevée accélérerait la fonte des calottes polaires et du permafrost souterrain. Mars hériterait alors d'un climat plus clément et se couvrirait de rivières, de lacs et d'une végétation amenée de la Terre.

L'idée de la transformation de la planète rouge en un astre habitable se retrouve dans *Total Recall*, film d'anticipation adapté d'un roman de Philip Dick. Dans la scène finale, le héros, incarné par A. Schwarzenegger, va mourir sur la surface désolée de Mars, lorsqu'il est sauvé par la brutale éruption d'une atmosphère respirable : Mars est rendue habitable en quelques secondes! En fait, des siècles ou des millénaires seraient nécessaires.

Humains sur Mars dans *Total Recall*, film de P. Verhoeven. Apparition des océans sur Mars, vue d'artiste.

Mars la bleue ou Mars la rouge? La planète dont la couleur rouge a attiré l'attention des Anciens perdra-t-elle son trait distinctif? Oui, si l'on en croit Robert Zubrin et les chantres du «terraforming»: le destin de Mars est de devenir une seconde Terre, une autre planète bleue, couverte d'océans et parcourue de rivières. Mais une telle transformation est-elle vraiment possible? Y a-t-il assez d'eau dans le sous-sol martien? Trois livres de science-fiction à succès de Kim Stanley Robinson se sont inspirés des idées de Zubrin: *Mars la rouge, Mars la verte, Mars la bleue.* Leurs titres expriment bien les étapes du «terraforming» de Mars et de l'installation de l'homme sur la quatrième planète du système solaire.

Pour initier cette évolution, Robert Zubrin propose de mettre en orbite autour de la planète rouge de vastes miroirs qui focaliseraient la lumière solaire sur les pôles martiens ou de couvrir ces derniers d'une couche sombre de poussières absorbant fortement l'énergie solaire. Combien de temps faudrait-il pour que l'atmosphère de Mars devienne plus dense, plus chaude et que de l'eau commence à couler à sa surface? Des siècles sans doute, des millénaires peut-être. Mais il ne serait pas nécessaire d'attendre la fin du «terraforming» de Mars pour commencer son peuplement.

Les idées de Robert Zubrin sur le «terraforming» de Mars sont démesurées, encore davantage que ne le sont les concepts de centrale solaire spatiale ou de colonie cosmique. Les rêves des nouveaux pionniers verront-ils le jour au cours du millénaire qui commence? Ils ont l'intérêt de souligner qu'à très long terme les opportunités offertes à l'humanité dans l'espace sont illimitées, et défient l'imagination.

Deux hommes ont repris le flambeau des pionniers du cosmos : Gerard O'Neill, le physicien qui veut peupler l'espace de gigantesques habitats et l'ingénieur Robert Zubrin qui clame haut et fort que Mars peut être conquise demain, pour peu qu'on le veuille vraiment.

Les colonies spatiales

Pourquoi donc aller s'installer dans l'espace ? En 1981, dans un livre où il essaye d'imaginer le futur dans cent ans, O'Neill expose sa thèse radicale : la Terre est trop petite et polluée; le seul salut est dans le cosmos.

Une colonie dans l'espace devrait ressembler à un habitat terrestre éloigné de la Terre, qui produirait sa propre nourriture et tirerait toute son énergie du Soleil. C'est l'énergie solaire, inépuisable et présente partout dans l'univers, qui alimenterait son industrie. Les colonies dans l'espace transformeraient les matières premières de la Lune ou d'astéroïdes en produits finis pour la Terre et pour d'autres colonies. [...] Les colonies dans l'espace sont toujours dans les cartons, elles n'existent pas encore. Pourtant, je pense qu'au XXIe siècle elles transformeront la société autant que l'automobile, l'avion et la radio, dont aucun n'existait en 1881, ont transformé notre monde au XXe siècle.

Pour une civilisation qui se trouve à présent à l'étroit dans une biosphère terrestre polluée, qui plus est, par la prolifération nucléaire, les plus importantes des possibilités nouvelles offertes par des colonies dans l'espace pourraient être la réduction de l'échelle des institutions et une dispersion de l'humanité loin de la cocotte-minute prête à exploser sur laquelle elle est assise. Ce «monde d'individus libres» pourrait être une alternative aux deux seules voies que Huxley entrevoyait en 1946 : «La perpétuation du militarisme, ou bien… un totalitarisme supranational, la tyrannie bienveillante du meilleur des mondes.»

Le changement fondamental qui découlerait de colonies dans l'espace serait le passage d'une économie de rareté – le «jeu à somme nulle» auquel nous sommes contraints de jouer sur la Terre – à une économie d'abondance. Ici, sur la Terre, aucune nation ne peut agrandir son territoire sans entrer en conflit avec une autre, et les millions de barils de pétrole qui brûlent dans un pays diminuent d'autant les réserves sur lesquelles tous devront compter

par la suite. Dès lors que nous nous serons affranchis des limites
de notre planète, nous pourrons entreprendre la mise en valeur
de nouveaux territoires à partir des ressources illimitées
de notre système solaire, et nous pourrons nous servir à volonté
de cette énergie solaire qui, pour le moment, se perd, inutile,
dans les immensités obscures qui séparent les planètes.

Gerard K. O'Neill,
2081, Une vision optimiste de l'avenir de l'humanité,
Simon and Schuster, New York, 1981,
traduction Pierre de Laubier

Les habitants du ciel

*Dans un autre livre sur les habitats spatiaux, O'Neill met en scène
un «colon» déjà installé dans le cosmos, qui veut montrer
à de futurs arrivants à quel point la vie y est belle.*

Les unités d'habitation sont des variations sur des formes de
base : la sphère, le cylindre ou l'anneau. Nous habitons Bernal
Alpha, sphère de cinq cents mètres de diamètre dotée d'une
sorte de chemin périphérique à l'intérieur, le long de son
«équateur» de plus d'un kilomètre et demi. Nous avons des
courses à pied ou de bicyclettes qui empruntent le chemin
circulaire. Notre petite rivière coule à proximité. Bernal Alpha
tourne sur elle-même toutes les trente-deux secondes, si bien qu'à
l'équateur on a la même gravité que sur la Terre. Le paysage
forme une grande vallée incurvée, qui s'élève de quarante-cinq
degrés «de latitude» de part et d'autre de l'équateur.
Il se compose principalement d'appartements en terrasses
peu élevées, de promenades commerçantes et de petits parcs.
Beaucoup de services, d'industries légères et de boutiques sont
situés en sous-sol ou dans une sphère centrale à faible gravité,
ou bien superposés, parce que nous souhaitons réserver la
majeure partie du terrain aux prairies et aux parcs. La lumière
du Soleil nous parvient selon un angle de quarante-cinq degrés,
un peu comme au milieu de la matinée ou de l'après-midi sur
Terre ; la longueur des jours, et par conséquent le climat,
dépendent de notre décision de laisser ou non passer le soleil.
Nous gardons la même heure qu'à cap Canaveral, mais d'autres

unités voisines sont sur des fuseaux horaires différents. Toutes les unités sont au service des mêmes industries, si bien que les instruments de production fonctionnent nuit et jour, en trois équipes, mais sans que nul n'ait besoin de faire partie de l'équipe de nuit.

Alpha a un climat hawaïen, si bien que nous vivons toute l'année aussi bien dehors qu'à l'intérieur. Notre appartement est à peu près de la même taille que notre vieille maison sur la Terre, et il a un jardin. Alpha a été l'une des premières unités d'habitations à être construites, si bien que nos arbres ont eu le temps d'atteindre une taille respectable. Vous aurez remarqué d'emblée la petite échelle des choses, mais pour une ville de dix mille habitants nous sommes plutôt bien lotis en matière de divertissements : quatre petits cinémas, pas mal de bons petits restaurants et de nombreux ensembles de musiciens et troupes de théâtre amateur. Comme il ne faut que quelques minutes pour se rendre dans les unités voisines, nous leur rendons souvent visite pour voir un film, assister à un concert ou simplement pour changer de climat. Des ballets se donnent sur la grande scène du complexe de loisirs commun à tous les résidents de cette région de l'espace. Un ballet à dix pour cent de gravité est un spectacle magnifique : irréel et d'une grâce incomparable.

Gerard K. O'Neill,
La Frontière du ciel, des colonies humaines dans l'espace,
Space Studies Institute Press, Princeton, 1989,
traduction Pierre de Laubier

Mars Direct

Dieu, que Mars est jolie... Robert Zubrin déborde d'enthousiasme pour la planète rouge, en laquelle l'humanité pourrait trouver une deuxième Terre, et un deuxième souffle. Pourquoi perdre du temps ? Mars est à notre portée.

La planète Mars est un monde aux paysages à couper le souffle, avec des montagnes spectaculaires trois fois plus hautes que le mont Everest, des gorges trois fois plus profondes et cinq fois plus longues que le Grand Canyon, d'immenses champs de glace et des milliers de kilomètres de mystérieux lits de rivières à sec. Ces étendues inexplorées pourraient contenir des richesses et des ressources insoupçonnables pour l'humanité de demain, en même temps que

les réponses aux questions philosophiques les plus graves sur lesquelles les hommes et les femmes se sont penchés depuis des millénaires. De plus, Mars pourrait un jour donner asile à une nouvelle implantation pleine de dynamisme de la civilisation humaine, une nouvelle colonie dont l'établissement et l'expansion seront un moteur de progrès pour toute l'humanité dans les générations à venir. Mais tout ce que Mars recèle restera pour toujours hors de notre portée sauf si – ce qui se produira un jour – des hommes et des femmes vont parcourir ses paysages déchiquetés. Certains ont dit qu'un vol habité vers Mars était un projet pour un avenir lointain, une tâche pour «la prochaine génération».
Au contraire, nous avons entre nos mains toutes les techniques nécessaires pour mettre en œuvre en une décennie un programme énergique et continu d'exploration humaine de Mars. Nous pouvons atteindre la planète rouge à bord d'un vaisseau spatial relativement petit, expédié directement vers Mars à l'aide de propulseurs construits sur le modèle de ceux qui ont permis aux astronautes d'atteindre la Lune, il y a un quart de siècle. [...]
Mars Direct, cela dit bien ce que ça veut dire. C'est un plan qui évite les détours inutiles, coûteux et interminables : nul besoin d'assembler les vaisseaux spatiaux dans l'orbite terrestre proche ; nul besoin de ravitaillement en vol ; nul besoin de hangars pour vaisseaux spatiaux dans une vaste station spatiale, et nul besoin de l'installation planifiée d'une base lunaire en prélude à l'exploration de Mars. En évitant ces détours, on rapproche d'une vingtaine d'années le premier atterrissage sur Mars, et on évite les coûts administratifs écrasants qui ont tendance à alourdir les grands projets publics. [...]
Le sens commun pourrait estimer Mars Direct attrayant à cause de sa simplicité, mais il pourrait aussi le juger irréalisable : la quantité de carburant et de provisions nécessaires pour un vol habité vers Mars est bien trop importante pour être transportée directement de la Terre à Mars. Le sens commun aurait raison, sauf sur un point : le carburant et les provisions nécessaires à une mission sur Mars n'ont pas besoin de venir de la Terre. On peut les trouver sur place.

Robert Zubrin, Le Dossier Mars, plan pour coloniser la Planète rouge, Free Press, New York, 1996, traduction Pierre de Laubier

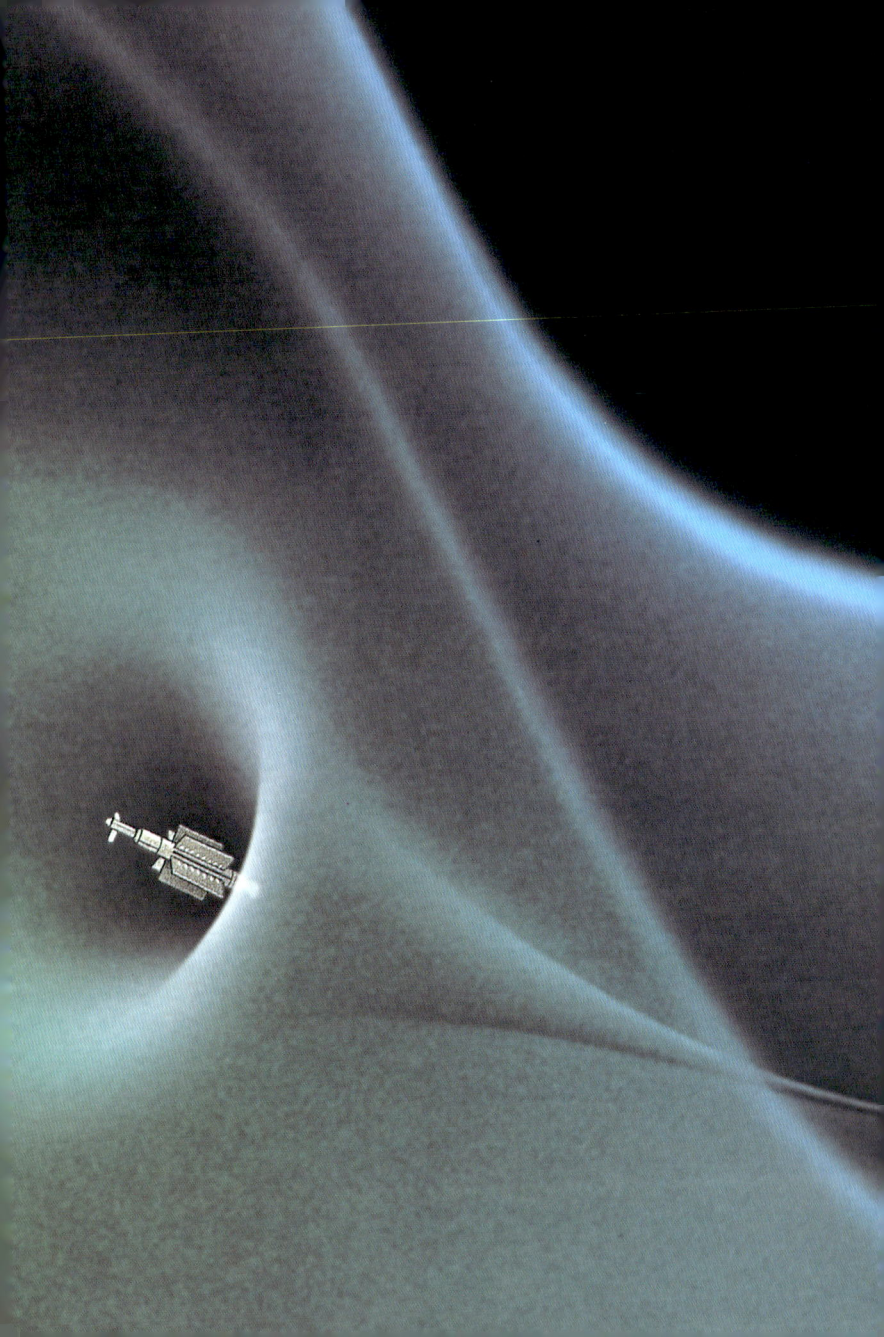

4 L'humanité face à l'univers

POURSUIVANT SON AVANCÉE DANS LE SYSTÈME SOLAIRE, L'HUMANITÉ SE TROUVERA UN JOUR AU BORD DU GOUFFRE INTERSTELLAIRE. FRANCHIRA-T-ELLE L'ABÎME QUI SÉPARE LE SOLEIL DES ÉTOILES LES PLUS PROCHES? PARVIENDRA-T-ELLE À ENTRER EN CONTACT AVEC D'AUTRES ÊTRES INTELLIGENTS QUI POURRAIENT EXISTER DANS LA VOIE LACTÉE? DÉCOUVRIRA-T-ELLE DES TECHNOLOGIES POUR VOYAGER À TRAVERS L'UNIVERS?

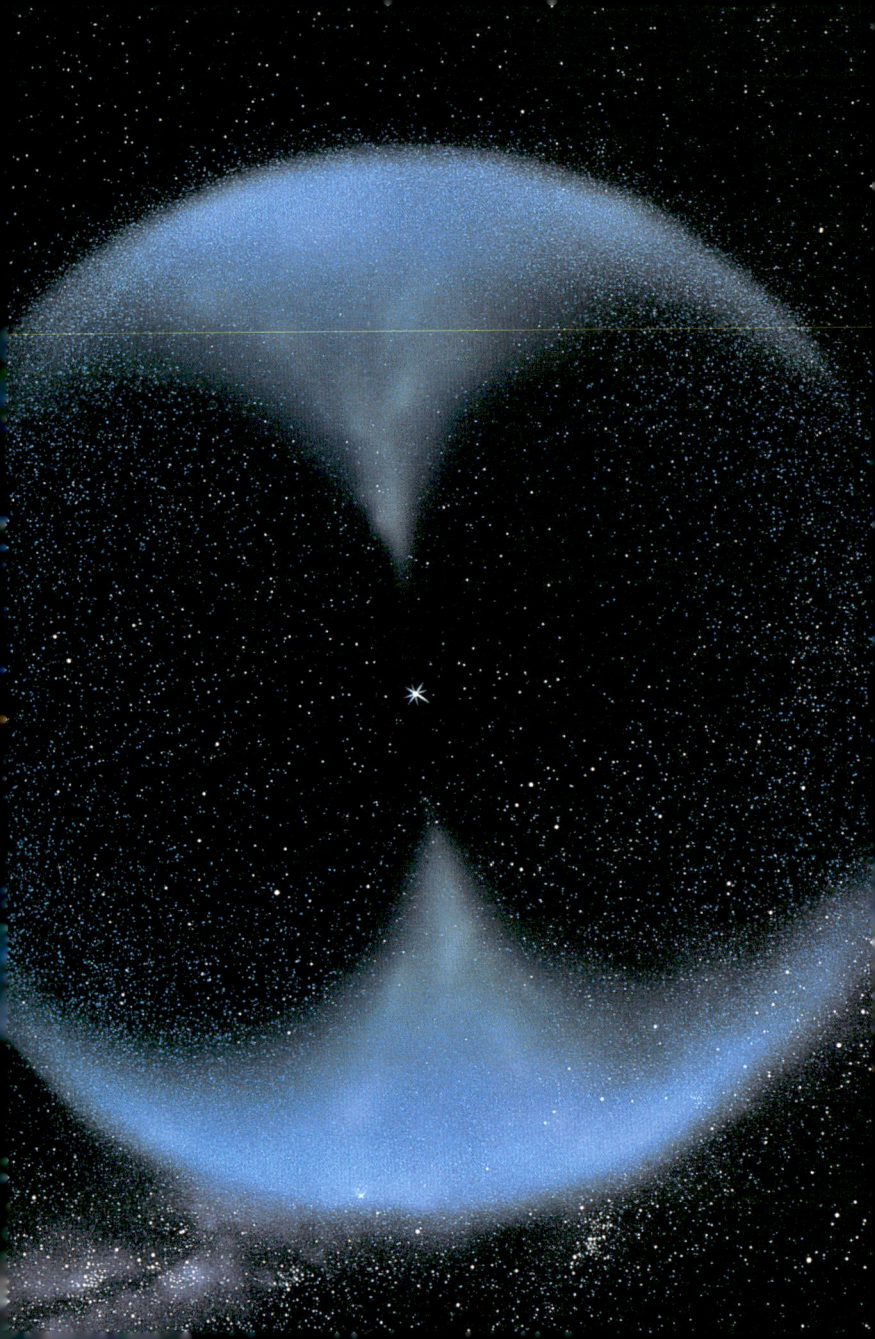

Double page précédente :
Vaisseau traversant
un «trou de ver», peinture
de M. McMullen.

Comètes dans la ceinture
de Oort, vue d'artiste.
Étoile au fond d'un «trou de
ver», peinture, M2 Art.

L'humanité face à l'univers

Au cours du troisième millénaire, les obstacles qui se dressent encore sur la route de l'humanité vers le cosmos disparaîtront peu à peu. Les visions de Peter Glaser, de Gerard O'Neill, de Robert Zubrin et autres héritiers de Tsiolkovsky se réaliseront sous une forme ou sous une autre. Les robots et les hommes (le cas échéant par procuration...) occuperont la totalité du système solaire. Pourront-ils aller plus loin et franchir les espaces interstellaires? Trouveront-ils dans le cosmos les réponses aux questions fondamentales sur la vie et l'intelligence?

Vaisseau spatial Daedalus, peinture de David A. Hardy. Affiche de la mission Deep Space de la NASA. Production des premiers atomes d'antimatière au CERN, Genève.

Des nouvelles techniques pour le transport spatial

Même si l'évolution est lente, des systèmes beaucoup plus performants et économiques verront le jour probablement après 2030 ou 2050. On peut songer, en particulier pour les déplacements entre les planètes, à des vaisseaux qui auraient recours à des «propulseurs électriques», éjectant à très grande vitesse des particules chargées. La sonde Deep Space One, lancée en 1998 par la NASA, teste un propulseur de ce type alimenté par un générateur solaire qui a déjà permis d'effectuer un rendez-vous, en juillet 1999, avec l'astéroïde Braille. Les Européens poursuivent un projet semblable : Smart One.

Deep Space One, présentée ici par la NASA à la manière des magazines «pulp» des années 1930, est équipée d'un moteur avancé, ainsi que d'un système de guidage «intelligent».

On pourrait aussi utiliser des réacteurs à fission nucléaire qui ont été expérimentés dans l'espace par les Américains comme par les Soviétiques. Cette source d'énergie qui semble passée de mode à la fin du XXᵉ siècle, dans le cosmos comme sur la Terre, présente pourtant un avantage considérable par rapport à un générateur solaire : elle peut fournir une puissance importante, indépendante de l'éloignement du Soleil. Dans quelques décennies, le relais pourrait être pris par des réacteurs à fusion nucléaire, encore plus puissants. On peut aussi imaginer, plus tard, la réalisation d'un type de fusée bien plus avancé : le propulseur à antimatière. Il s'agirait de provoquer l'annihilation de matière et d'«antimatière» – c'est-à-dire la transformation totale de la masse en énergie, suivant la célèbre formule d'Einstein. Une fraction de gramme d'antimatière serait suffisante pour des périples rapides à travers le système solaire : quelques semaines pour aller de la Terre à Mars! Des études réalisées dans le plus grand centre mondial voué à la physique des particules, le CERN européen, installé à Genève, ont déjà permis de stocker dans des «bouteilles magnétiques» des

Pour utiliser l'antimatière comme propergol d'une fusée, il faudra apprendre à la stocker. En effet, il est très difficile de conserver de l'antimatière dans un monde de matière, puisque matière et antimatière s'annihilent dès qu'elles se rencontrent. C'est d'ailleurs cette annihilation qui est le secret de la propulsion à antimatière. Un milligramme d'antimatière libérera autant d'énergie que des milliers de tonnes de propergols chimiques.

«antiprotons» et de créer des «antiatomes d'hydrogène». C'est un premier pas; de gigantesques progrès scientifiques et techniques restent à accomplir. Mais la réalisation, un jour, d'un tel système ne paraît pas impossible. Dès lors, les voyages interplanétaires se poseront en des termes très différents.

Les machines de Neumann, robots du futur?

À l'horizon d'une centaine d'années, alors qu'existeront de nouveaux moyens de voyager dans le cosmos, quelles seront les relations entre les hommes et les robots pour la découverte et l'occupation de l'espace? Les techniques micro-électroniques et micro-mécaniques vont continuer leur progression rapide, et elles pourraient même converger avec des technologies issues de la biologie : le concept de «cyborg» – le mariage de l'homme et du robot –, cher aux auteurs de science-fiction, comme Isaac Asimov, n'est pas totalement absurde.

D'autres robots très évolués, appelés «machines de Neumann», pourraient jouer un grand rôle dans l'expansion de la civilisation à travers le système solaire. Le grand mathématicien d'origine hongroise, John von Neumann, qui a imaginé l'ordinateur digital dans les années 1940, a aussi démontré qu'on pouvait envisager de créer une machine capable de se reproduire elle-même, à partir du moment où elle disposerait des matières premières nécessaires. En l'an 2000, cette possibilité est toute théorique, mais dans un siècle? Les automates électroniques et mécaniques, grâce à l'intelligence de leur créateur, l'homme, évoluent incomparablement plus vite que ne l'ont jamais fait des êtres vivants. Des machines de Neumann seront certainement construites un jour. Capables de se multiplier à la surface d'un astre, elles seront un puissant moyen d'investigation scientifique, mais aussi de transformation des planètes et des autres astres, de construction de grandes infrastructures dans le système solaire : le «terraforming», s'il intervient jamais, sera le résultat de l'action de milliers de

Les hommes-robots ou les robots-hommes, c'est-à-dire les «cyborg», n'existent encore que dans la science-fiction. Dans *Terminator II*, Arnold Schwarzenegger est un cyborg qui revient du futur pour sauver la Terre; dans *Blade Runner* de Ridley Scott, les cyborg ont été construits pour travailler dans le cosmos.

Homme-robot, image de *Terminator II*, film de J. Cameron, 1991. John von Neumann.

Lorsque John von Neumann meurt en 1957, il travaille sur un sujet futuriste : les machines capables de se reproduire elles-mêmes. Pour cela, il est parti des idées d'un autre mathématicien célèbre, Alan Turing, qui a montré la possibilité de concevoir une «machine universelle», capable de réaliser toutes les opérations logiques possibles. Dans sa publication posthume, *Théorie des automates reproducteurs*, Neumann établit qu'une «machine de Turing» pourrait concevoir un nombre infini de copies d'elle-même et ainsi se répandre peu à peu dans tout l'univers.

millions de machines de Neumann. Et celles-ci occuperont le système solaire bien avant une autre espèce elle aussi apte à se reproduire : l'homme.

Mais pourquoi les êtres humains, confortablement installés sur leur planète bleue, ne laisseraient-ils pas l'exploration et l'occupation de l'espace à leurs créatures robotiques? Existe-t-il vraiment chez l'espèce humaine une volonté d'expansion, qui ne serait pas satisfaite par l'envoi de robots? Des Américains comme Robert Zubrin, profondément marqués par la «culture de la frontière», en sont persuadés.

Les comètes, havres cosmiques pour l'homme?

Un autre grand visionnaire du cosmos et de la place de l'humanité dans l'univers, le physicien américain Freeman Dyson, a souligné que des raisons culturelles, religieuses ou politiques pourraient jouer un rôle majeur dans la volonté de certains hommes de quitter

la Terre pour s'installer ailleurs. Ainsi, au XVIIe siècle, quand les *Pilgrims* traversent l'Atlantique pour l'Amérique du Nord, ils fuient des persécutions religieuses et veulent construire une société suivant leurs croyances. L'effort consenti par des particuliers pour échapper à une contrainte inacceptable peut être considérable, presque inimaginable! Mais pour aller où? Vers des station orbitales, des surfaces planétaires ou des habitats comme ceux de Gerard O'Neill?

Pour Freeman Dyson, le destin de l'humanité, ou du moins de certains humains, se trouve dans les comètes. Bien au-delà de Pluton, dans une zone appelée «ceinture de Oort», existent des milliards de comètes, agrégats de poussières et de glaces, dont le diamètre peut aller jusqu'à quelques dizaines de kilomètres. Ces astres gelés n'ont pas changé depuis la formation du système solaire, voici quatre milliards et demi d'années. La matière cométaire contient tous les ingrédients, et en particulier l'eau, nécessaires à la vie humaine; le physicien américain a même imaginé que des plantes gigantesques pourraient être créées

Les techniques spatiales permettraient-elles à l'humanité de se protéger d'une catastrophe cosmique comme la menace d'un astéroïde ou d'une comète fonçant sur la Terre? Dans le film *Armageddon*, le héros se sacrifie pour faire exploser un énorme astéroïde avec une bombe atomique. Mais un tel esploit est totalement irréalisable en l'an 2000. Il en sera sans doute différemment dans 50 ou 100 ans.

par génie génétique, avec des racines s'enfonçant à l'intérieur d'une comète, et d'immenses feuilles déployées dans le cosmos, pour collecter l'énergie du Soleil et des étoiles. Cette vision, étonnante, a le mérite de souligner que le système solaire ne s'arrête pas à Pluton, mais s'étend cent fois plus loin et que sa «colonisation» pourrait ouvrir aux hommes des perspectives bien plus étendues qu'on ne le pense.

Préserver l'humanité d'une catastrophe cosmique

Tous les siècles, en moyenne, un astéroïde, ou une petite comète, d'une centaine de mètres de diamètre, s'écrase sur la Terre, en provoquant des destructions massives, mais locales : un tel accident s'est produit en 1908 en Sibérie, dans la région de la Tougouska. Mais parfois, l'astéroïde ou la comète qui rencontrent la Terre sont beaucoup plus volumineux, et c'est alors une catastrophe globale qui se produit.

Les scientifiques pensent que les «grandes extinctions», qui ont ponctué le passé de la vie sur notre planète, ont été provoquées par des impacts

En l'an 2000, aucun astre pouvant menacer la Terre dans les prochaines décennies n'a été détecté par les astronomes. Mais à l'échelle des temps géologiques, les «catastrophes cosmiques» sont courantes.

Image d'*Armageddon*, film de Michael Bay, 1998. Impact d'astéroïdes, vue d'artiste.

cosmiques. La plus importante s'est produite il y a 245 millions d'années, provoquant la disparition de 96 % des espèces végétales et animales. Plus récemment, voici 65 millions d'années, un astéroïde ou un noyau de comète de plusieurs kilomètres de diamètre s'est écrasé dans le Yucatan, au Mexique. Il a créé un cratère de 290 km de diamètre, mais surtout il a envoyé dans l'atmosphère d'énormes quantités de poussières, qui ont caché le Soleil pendant des années. Environ la moitié des espèces végétales et animales (parmi lesquelles les dinosaures) existant sur la Terre ferme ont disparu.

Que se passerait-il si un cataclysme d'une ampleur comparable se produisait aujourd'hui? Aucun doute n'est permis : les êtres humains et leur culture disparaîtraient... À moins qu'il ne soit possible de détecter et d'écarter la menace, ou que des êtres humains aient créé ailleurs d'autres foyers de civilisation. La prévention serait bien sûr la meilleure solution. La NASA soutient les efforts d'astronomes qui établissent un catalogue des astéroïdes dont les trajectoires

Astéroïde entrant en collision avec la Terre, vue d'artiste.
Les astéroïdes Mathilde, Gaspra et Ida.
Meteor Crater, Arizona.

pourraient un jour croiser celle de la Terre. Ce travail est en cours au début des années 2000 : plusieurs centaines d'objets ont déjà été répertoriés, et leurs orbites calculées, sans que le moindre risque de collision avec notre planète ait été mis en évidence. Cela n'est pas étonnant : les impacts dangereux sont très rares. Il n'est cependant pas possible d'affirmer que le risque est nul : il pourrait venir d'un astéroïde non encore catalogué, ou bien d'une comète apparaissant soudain aux confins du système solaire.

Certains astéroïdes ou comètes ayant des trajectoires proches de celle de la Terre, les NEO (Near Earth Objects, «Objets proches de la Terre») donnent parfois des frissons. L'astéroïde 1996JA1 a ainsi «frôlé» notre planète en 1996; avec ses 500 m de diamètre, son écrasement aurait fait autant de dégâts qu'une bombe de 10 000 mégatonnes. Mais heureusement il est passé à 450 000 km de la Terre.

Un événement de ce genre a affecté Jupiter en 1995 : des fragments de la comète Shoemaker-Levy sont entrés en collision avec la planète géante; les observatoires terrestres, le télescope spatial Hubble et la sonde Galileo, alors en route vers Jupiter, ont suivi avec attention ce phénomène exceptionnel.

Un météorite comme celui qui a créé le Meteor Crater dans l'Arizona voilà quinze mille ans provoquerait des destructions gigantesques.

Les traversées interstellaires sont-elles possibles?

Après avoir occupé la totalité du système solaire, et s'être mis à l'abri des catastrophes cosmiques, la civilisation humaine se trouverait au bord du grand gouffre des espaces interstellaires, face à l'univers. L'étoile la plus proche, Alpha du Centaure, se situe à plus de quatre années lumière, un million de fois plus loin que Pluton ne l'est du Soleil. Une telle distance pourrait-elle être franchie dans un temps raisonnable? La British Interplanetary Society a imaginé, dans les années 1960, un vaisseau automatique propulsé par des explosions nucléaires, Daedalus, qui atteindrait une vélocité égale à 10 % de la vitesse de la lumière (soit 30 000 km/s) et pourrait passer près d'autres étoiles à l'issue d'un voyage d'un demi-siècle. Le but d'un tel périple : étudier des planètes tournant autour d'une autre étoile pour y observer une éventuelle vie extraterrestre ou pour évaluer leur intérêt pour une colonisation ultérieure. Cela étant, traverser un système stellaire à 30 000 km/s n'est pas le meilleur moyen de procéder à des mesures scientifiques. En outre, disposer de quelques heures d'observation après cinquante ans de voyage ne paraît pas une opération très rentable. Pour qu'une telle expérience ait un sens, il faudrait pouvoir freiner la course du vaisseau, et effectuer des rendez-vous avec les planètes du système stellaire. Cela doublerait la durée de la mission, qui dépasserait alors un siècle!

D'autres idées ont été émises pour entreprendre des traversées interstellaires dans le cadre des lois physiques connues. Des propulseurs à antimatière permettraient peut-être d'accomplir plus rapidement des périples semblables à celui envisagé pour Daedalus. Pourtant, ces travaux d'Hercule spatiaux ne sont pas à la hauteur du problème

Les vaisseaux interstellaires voyageant vers des étoiles distantes de dizaines ou centaines d'années lumière devraient être relativistes, c'est-à-dire voyager à des vitesses proches de 300 000 km/s. Du fait de la relativité, le temps s'y écoulerait moins vite que sur la Terre. En se déplaçant à 99 % de la vitesse de la lumière, une année terrestre correspondrait à une semaine! Après un périple d'un siècle, les voyageurs n'auraient vieilli que de deux ans.

posé : voyager à travers la Voie lactée. Seules les étoiles les plus proches pourraient être atteintes dans un temps n'excédant pas trop celui de la vie d'un être humain. Or la Voie lactée, cette galaxie en forme de spirale où se trouve notre Soleil, possède un diamètre de cent mille années lumière et contient environ deux cents milliards d'étoiles.

Révolution de la physique ou science-fiction

A moins que... Rêvons un peu : la physique pourrait connaître, à l'avenir, des bouleversements majeurs. Personne ne prévoyait, à la fin du XIXe siècle, les découvertes de la relativité générale (1919), puis de la mécanique quantique (années 1920 et 1930). Les travaux les plus avancés visant à l'unification

Vaisseau interstellaire habité atteignant des planètes autour d'une étoile lointaine, peinture de D. A. Hardy.

Pour propulser des vaisseaux interstellaires, des technologies aussi exotiques qu'irréalistes ont été imaginées : «statoréacteur interstellaire» collectant les rares atomes d'hydrogène présents pour les brûler dans des réacteurs à fusion nucléaire; monstrueuses «voiles» poussées par des rayons laser, etc.

de toutes les forces physiques, et en particulier les recherches sur la gravité quantique, pourraient réserver des surprises. Il ne s'agit pas de trouver une méthode pour se déplacer à travers l'univers plus vite

Perdus dans l'espace, film de Stephen Hopkins, 1998. Vaisseau près d'un «trou de ver», peinture de D. A. Hardy.

que la vitesse de la lumière : Einstein a démontré que cela était impossible. Mais d'autres solutions, n'ayant aucun rapport avec un déplacement traditionnel, pourraient apparaître : la création d'une «bulle d'espace-temps», par exemple, se retrouvant en n'importe quel point de l'univers.

Stephen Hawking, l'un des plus remarquables physiciens actuels, considère qu'un objet disparaissant dans un «trou noir» – une étoile effondrée sur elle-même, si massive que la lumière ne peut s'en échapper – pourrait resurgir ailleurs dans l'univers, à travers un «trou blanc». Il n'écarte pas la possibilité que des univers multiples existent et que les particules élémentaires passent sans cesse de l'un à l'autre. Les spécialistes de la physique théorique ne manquent pas d'imagination et l'on peut se demander si l'avenir

Une famille perdue dans l'immensité cosmique : dans beaucoup de films de science-fiction, l'humanité a appris à se déplacer dans l'univers. Peu importe la technique, des hommes, des femmes et des enfants seraient effectivement «perdus» dans l'espace-temps, s'ils s'aventuraient sur les routes interstellaires. Les trajets seraient si longs – des décennies, des siècles, ou plus encore – qu'il ne serait pas question de retour!

lointain ne pourrait pas ressembler aux mondes galactiques imaginés par les auteurs de science-fiction : Isaac Asimov avec sa série des *Fondations*; Frank Herbert avec ses *Dune*; plus récemment Dan Simmons avec ses romans *Hyperion* et *Endymion*, qui décrit à la fois des voyages interstellaires et un web galactique contrôlé par des logiciels intelligents. Les auteurs et les cinéastes de science-fiction l'ont bien compris : il n'y a pas d'issue possible pour l'homme dans l'univers sans une révolution de la physique, qu'ils anticipent allégrement. En attendant, mieux vaut admettre que l'humanité devra trouver, sans quitter le système solaire, les meilleurs moyens de répondre aux questions fondamentales qu'elle se pose sur l'origine de la vie, sur le développement de l'intelligence, sur le destin de sa civilisation.

Détecter la vie extraterrestre à distance

Des progrès très importants sur la compréhension de l'origine de la vie pourraient être obtenus dans les années 2000 et 2010 grâce aux explorations de Mars, de Titan et d'Europa. Si des micro-organismes, ou même des organismes plus évolués, étaient découverts, une avancée fantastique serait accomplie. Sinon, il faudra observer les étoiles proches et leurs éventuels cortèges planétaires, à la recherche d'indices de l'existence d'êtres vivants, comme la présence

On peut imaginer d'autres techniques que la propulsion par fusée pour «sauter» d'un point à l'autre de l'univers : passer de l'autre côté d'un «trou noir» et ressortir ailleurs, par un «trou blanc»; emprunter de miraculeux raccourcis dans l'espace-temps, appelés *worm holes* («trous de ver»). Seule une révolution de la physique rendrait possibles les voyages à travers l'univers. Mais le passé a montré que de telles révolutions intervenaient parfois.

d'oxygène à l'état libre dans une atmosphère. Déjà, des observatoires terrestres ont mis en évidence la présence de «compagnons obscurs» autour d'une trentaine d'étoiles; pour l'instant, il semble que ces astres soient de très grosses planètes, plus volumineuses encore que Jupiter, et donc peu propices à l'existence d'une vie comparable à la nôtre; mais cela ne signifie pas que des planètes plus petites, comme la Terre ou Mars, n'existent pas.

Le futur Télescope spatial de nouvelle génération (New Generation Space Telescope ou NGST), qui succédera au télescope spatial Hubble à la fin des années 2000, sera capable d'observer de telles planètes «extra-solaires» et

d'analyser à distance leurs atmosphères. Placé à très grande distance de la Terre, il disposera d'un miroir de 8 m de diamètre, contre 2,4 m seulement pour Hubble. D'autres télescopes, terrestres, utilisant la nouvelle technologie de l'«optique adaptative» contribueront aussi à ces travaux. C'est le cas de l'European Southern Observatory (ESO), le plus grand observatoire optique terrestre installé au Chili, avec ses quatre télescopes géants de 8 m de diamètre, connectés entre eux par des liaisons optiques.

Y a-t-il d'autres intelligences dans le cosmos?

Comprendre si la vie est répandue dans l'univers, comme ont tendance à le penser aujourd'hui les astronomes et les biologistes, est une question fondamentale. Mais l'interrogation la plus importante

En sus de l'ESO, l'Europe étudie des projets d'observatoires spatiaux qui feront progresser les connaissances sur les planètes extrasolaires : Gaia détecterait des planètes de la taille de Jupiter autour de 200 000 étoiles; Darwin observerait des planètes de la taille de la Terre autour d'étoiles distantes de 50 années lumière.

L'ESO, Chili.
Vie extra-terrestre sur une planète imaginaire, peinture de David A. Hardy.

porte sur l'émergence d'autres intelligences et d'autres civilisations technologiques, au moins capables de communiquer par radio. Notre civilisation est-elle unique dans la galaxie? Deux thèses s'affrontent. Certains scientifiques, comme le physicien John Barrow, considèrent que cet univers (il peut y en avoir bien d'autres) est fait pour l'être humain et que celui-ci est donc la première et la seule intelligence à y être apparu; ce raisonnement est celui du «Principe anthropique». D'autres, comme Carl Sagan, ou le Français Jean Heidmann, estiment au contraire que les planètes propices sont répandues et que les probabilités successives de développement de la vie, de l'intelligence et de la technologie sont fortes. D'innombrables civilisations devraient donc exister dans notre galaxie et dans l'univers. Selon les calculs,

À quoi ressemblent les extra-terrestres? En l'absence de toute information, on peut tout imaginer. Le peintre spatial David Hardy rêve d'êtres qui flottent dans l'atmosphère d'une planète, autour d'un soleil appartenant à un «amas globulaire» d'étoiles. Des formes de vie pourraient exister dans le cosmos même, à la manière du *Nuage noir* de Fed Hoyle, un nuage de plasma intelligent se déplaçant dans la galaxie.

on arrive ainsi à des chiffres allant de dix mille
à un million de civilisations galactiques! Tous
ces raisonnements relèvent de la pure spéculation,
car nous ne connaissons qu'une seule forme de vie,
d'intelligence et de civilisation : la nôtre. Ils sont
de même nature que les interrogations antiques sur

le géocentrisme et l'héliocentrisme, qui n'ont été
levées que deux mille ans plus tard. La présence, ou
l'absence, d'intelligences extraterrestres dans l'univers
sera-t-elle démontrée par des Copernic, des Galilée ou
des Kepler du futur? L'hypothèse de la pluralité des
mondes habités, en l'occurrence par des civilisations
techniques, peut-elle vraiment être vérifiée?
C'est là l'espoir des programmes SETI (Search for
ExtraTerrestrial Intelligence) développés par des
astronomes dans le monde entier. Leur but est de
déceler des émissions radioélectriques en provenance
d'autres civilisations. Leur instrument privilégié est
le radiotélescope. Pour l'instant, les cieux restent
muets, mais les efforts accomplis sont modestes.
Au XXIe siècle, un grand instrument installé sur la face
cachée de la Lune permettra des écoutes beaucoup

D'autres «civilisations» existent-elles ailleurs dans l'univers? Le jeune Superman du film de Richard Donner est le dernier descendant de l'une d'elles qui tente de survivre autour d'une planète mourante. Il sera sauvé car ses parents parviendront à l'envoyer sur la Terre, à travers l'immensité cosmique. Ce qui lui vaudra de multiples aventures!

Superman enfant dans *Superman* de Richard Donner, 1979. Machine à voyager dans l'espace-temps, dans *Contact*, film de Robert Zemeckis, 1997.

Réalisé d'après le roman de Carl Sagan, le film *Contact* pose la même question que *2001 : l'Odyssée de l'espace* : des êtres à la technologie beaucoup plus avancée que la nôtre pourraient-ils aider l'évolution de l'humanité ? Celle-ci n'a créé une civilisation technologique que depuis quelques décennies, alors que l'univers a environ 15 milliards d'années, et la Terre 4,5 milliards d'années. Quel niveau de connaissance pourraient avoir atteint des êtres maîtrisant la science et la technique depuis des millions ou des milliards d'années ? Dans *Contact*, le plan d'une machine à voyager dans l'espace-temps est découvert dans un « message radio interstellaire » par l'héroïne interprétée par Jodie Foster. La machine est réalisée, mais on ne saura pas si le « contact » a finalement été établi.

plus sensibles. Découvrirons-nous des signaux extraterrestres ou, au contraire, le cosmos restera-t-il vide de tout message intelligent ? Devra-t-on alors conclure à la solitude de l'humanité dans l'univers ?

Des civilisations très avancées ?

Il se pourrait aussi que des extraterrestres existent, mais qu'ils ne s'intéressent pas plus à nous que nous n'avons envie de communiquer avec des fourmis. Carl Sagan, l'un des grands promoteurs des projets du type SETI, fait remarquer qu'il est très improbable que des civilisations extraterrestres se trouvent précisément à notre stade de développement, juste après l'invention des ondes radioélectriques. Elles ont toutes les chances d'être bien plus avancées. L'astrophysicien russe Kardachev pense que les civilisations technologiques

passent par trois phases : les civilisations de type I
maîtrisent l'énergie d'une planète (nous n'en sommes
pas encore là); celles de type II contrôlent l'énergie
d'un système stellaire et celles du type III ont accès...
à l'énergie d'une galaxie! Selon Freeman Dyson, si
des civilisations très avancées existent, elles se sont sans
doute engagées dans des travaux d'ingénierie à l'échelle
cosmique; il faut donc rechercher dans le ciel ce qui
pourrait être les traces de ces activités titanesques.

La réorganisation de toute la matière d'un système
stellaire pour constituer une coque fermée autour de
l'étoile et récupérer ainsi toute l'énergie de celle-ci
constitue un exemple d'astro-ingénierie pouvant être
mise en œuvre par une civivilisation de type II.
L'humanité, dans un futur lointain, pourrait procéder
ainsi avec le Soleil. Des étoiles occultées de la sorte par
des extraterrestres rayonneraient dans l'infrarouge. De
tels objets ont été observés, mais on a trouvé à leurs

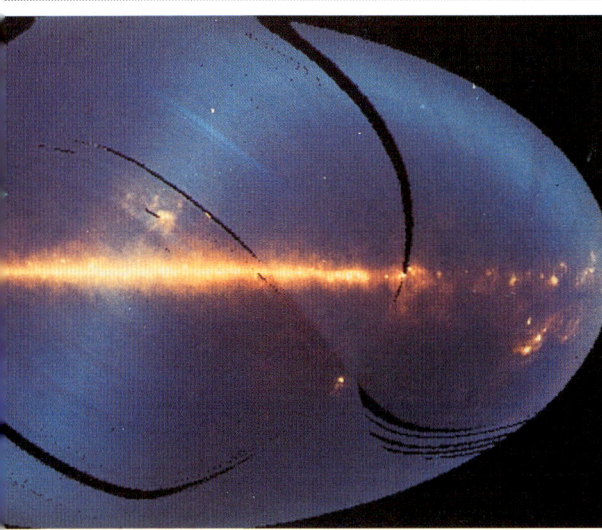

Les Derniers Feux du soleil, peinture de Lionel Bret. Vue complète de la Voie lactée, obtenue grâce au satellite infrarouge Iras-II.

caractéristiques des explications naturelles. Cette interprétation est-elle correcte? Ne voit-on pas, sans les reconnaître, des «sphères de Dyson»? Il sera toujours difficile d'établir la nature artificielle d'un phénomène cosmique. Ne faudrait-il pas, d'ailleurs, chercher au-delà des étoiles de la Voie lactée, dans les autres galaxies, qui par milliards peuplent l'univers?

Voici environ quatre mille ans, les Babyloniens ont eu l'intuition d'un rapport entre le ciel et le destin des humains. Ils ont entendu l'«appel du cosmos». Bien du chemin a été parcouru, mais, à l'aube du troisième millénaire, l'humanité ne sait toujours pas quel sera son destin parmi les étoiles. Après avoir créé son «village interplanétaire» dans le système solaire, découvrira-t-elle les moyens de voyager à travers la Voie lactée? Établira-t-elle le contact avec d'autres intelligences, pour s'intégrer dans une «communauté galactique»? Parcourra-t-elle, au cours de milliers, de millions d'années, le cycle des «civilisations de Kardachev»? La quête continue. Et l'imaginaire y prendra sa part : c'est peut-être le rêve qui inspirera aux hommes les réponses aux multiples questions qu'ils se posent encore!

Dans cinq milliards d'années, le Soleil vieillissant deviendra une étoile du type «géante rouge» et la Terre sera calcinée. À un tel horizon, mille fois plus éloigné dans l'avenir que l'apparition de l'homme sur la Terre ne l'est dans le passé, la civilisation terrestre ne sera pas menacée par la fin de son berceau planétaire. Elle aura peut-être disparu depuis longtemps, victime de ses propres erreurs, ou de catastrophes cosmiques. Ou bien elle le survivra, sous une forme difficilement imaginable, autour d'autres soleils de notre galaxie, la Voie lactée. Le choix serait large, puisque la Voie lactée ne comprend pas moins de 200 milliards d'étoiles. Mais sommes-nous seuls dans cette immense galaxie? Pour l'instant, aucun signal extraterrestre n'a été capté, et les hommes du présent, comme du passé, ne peuvent qu'être effrayés par «le silence éternel de ces espaces infinis».

Les réflexions sur l'avenir de l'homme dans l'univers se poursuivent à la frontière commune entre astronautique, astronomie et science-fiction. Elles allient les dernières découvertes de la science avec des spéculations sur les intelligences extraterrestres et les voyages entre les étoiles.

Vers la migration interstellaire

Ce ne sont pas seulement des scientifiques et des ingénieurs qui rêvent à un grand avenir spatial. Des sociologues comme Ben Finney apportent leur contribution et leur enthousiasme à des ouvrages pluridisciplinaires sur le futur de l'humanité dans le cosmos.

L'humanité est faite pour les étoiles. Tel est notre credo. Un jour, nos descendants vivront à travers tout le système solaire et finiront par songer à coloniser d'autres systèmes et peut-être l'espace interstellaire lui-même. Pour que la vie humaine puisse essaimer dans l'espace, il faudra surmonter d'énormes difficultés – techniques, économiques, politiques et sociales. Cela va sans dire, ou presque. Pourtant, nous ne croyons pas que, par exemple, la fabrication d'écosystèmes clos destinés à permettre la vie dans un milieu hostile se révélera complètement impossible, pas plus que ne le sera l'organisation d'espaces sociaux viables dans l'espace. Nous ne pensons pas non plus que les années-lumière qui nous séparent d'autres étoiles empêcheront éternellement les explorateurs (hommes ou robots) puis les colons de quitter le système solaire. La solution de ces problèmes, et d'autres (parmi lesquels ceux que nous n'imaginons même pas), pourrait se révéler extrêmement difficile et exiger des siècles ou des millénaires. Mais nous sommes sûrs qu'ils finiront par être résolus. La volonté d'essaimer à travers l'espace est déjà en marche. Que ce soit pour échapper à un conflit nucléaire total, à une collision catastrophique avec une comète ou un autre astéroïde ou à n'importe quelle autre calamité à l'échelle du monde, nous pensons qu'il y a une chance sérieuse que cette initiative débouche bientôt sur des implantations dans l'espace proche, et que nos descendants finiront par se répandre parmi les étoiles. Nous fondons cette conviction sur l'analyse de notre passé historique et préhistorique, ainsi que sur la constatation que l'*Homo sapien*s est un animal doté d'un esprit intuitif, inventif et entreprenant.

La Migration interstellaire et l'aventure humaine, présenté par Ben Finney et Eric Jones, University of California Press, 1985, traduction Pierre de Laubier

Préserver la Terre et transformer l'univers

Freeman Dyson, l'un des plus grands physiciens du XXe siècle, est aussi un visionnaire qui n'a pas peur de regarder en face l'avenir lointain. Il s'interroge : les hommes, se répandant dans le cosmos, ne vont-ils pas donner naissance à de multiples espèces ?

Il nous faut inventer des techniques nouvelles qui diminuent le coût des voyages dans l'espace. Nos vols spatiaux devront coûter non pas cinq ou dix fois, mais cent ou mille fois moins cher, pour que la conquête de l'espace puisse être développée à grande échelle. Et il est probable que nous devrons adapter notre technologie à chacune des deux zones du système solaire. Dans la zone interne, où la lumière du soleil est abondante et où l'eau est rare, c'est la technologie grise [NDA : technologie dure, mécanique et électronique] qui conviendra sans doute le mieux. Les grosses machines et les entreprises gouvernementales seront parfaitement adaptées à ces régions peu hospitalières à l'homme. Les automates autoreproducteurs faits de fer, d'aluminium et de silicium n'ont pas besoin d'eau. Ils peuvent proliférer sur la Lune, sur Mercure, ou dans l'espace qui sépare ces planètes, et diriger de grands projets industriels sans risquer de perturber l'équilibre écologique de la Terre. Ils se nourriront de la lumière du Soleil et de rochers, seuls matériaux qui leur soient indispensables. Ils construiront dans l'espace des îles flottantes où les hommes pourront vivre. Ils importeront des océans depuis les satellites de la zone externe, où l'eau se trouve en abondance, jusque dans la zone interne, où elle fait défaut. Le développement intensif de la technologie grise dans la zone interne du système solaire peut alléger considérablement le fardeau des problèmes économiques que doit supporter l'homme sur la Terre. Les ressources disponibles dans la zone interne, qu'il s'agisse de matière ou de lumière, sont infiniment plus nombreuses qu'à la surface de la Terre. Notre planète pourra être approvisionnée directement de l'espace en matériaux et produits industriels, et même en nourriture et en combustible. La Terre pourra ainsi être sauvegardée, transformée en un immense parc résidentiel ou maintenue à l'état sauvage, tandis que mines et fabriques seront reléguées sur la Lune et les astéroïdes. Mais l'émigration en d'autres lieux de l'espace n'est pas une solution au problème démographique auquel nous sommes confrontés. Ce problème devra être résolu sur la Terre elle-même. Néanmoins, la possibilité d'émigrer peut indirectement nous aider à le résoudre. Il peut s'avérer politiquement et psychologiquement préférable pour les hommes qui demeureront sur la Terre d'accepter de limiter la croissance démographique de façon stricte, si ceux qui souhaitent élever

des familles nombreuses ont la possibilité d'aller s'installer ailleurs.
Mais où iront les émigrants? La technologie grise n'offre aucune réponse satisfaisante. Elle peut construire des colonies dans l'espace sur le modèle du projet «Island One» d'O'Neill, fabriquer des cages de verre et de métal où des hommes pourront vivre une vie aseptisée, à l'abri de tout danger. Nous aurons de la chance si ces hommes ne ressemblent pas trait pour trait aux habitants du *Meilleur des mondes* de Huxley. L'humanité a besoin d'un cadre de vie plus vaste et plus ouvert. L'homme ne vit pas seulement de pain. Le problème fondamental concernant l'avenir n'est pas d'ordre économique mais spirituel : c'est celui de la diversité. Où trouver de la place pour que cette diversité puisse s'exprimer sur notre Terre surpeuplée ou dans les cages de verre d'Island One? [...]
À long terme, la seule solution que j'entrevois au problème de la diversité est l'expansion de l'humanité dans l'univers au moyen de la technologie verte [NDA : technologies douces, écologiques et biologiques]. La technologie verte nous pousse dans la bonne direction, au-delà du soleil, vers les astéroïdes et les planètes géantes, et plus loin encore, là où l'espace est sans bornes et la frontière jamais atteinte. L'utilisation de la technologie verte suppose que nous ne vivions pas enfermés dans des boîtes mais que nous nous adaptions, nous, nos plantes et nos animaux, aux nouvelles conditions de vie que nous rencontrerons dans l'univers. Les nomades mongols ont acquis une peau dure et des yeux bridés pour résister aux vents froids de l'Asie. Si certains de nos petits-enfants naissent avec une peau encore plus dure et des yeux encore plus bridés, peut-être pourront-ils affronter tête nue l'air glacial de la planète Mars. Le problème n'est pas de savoir si nous coloniserons l'univers. La vraie question est la suivante : Serons-nous une seule espèce ou un million? Un million d'espèces différentes n'épuiseront pas les niches écologiques qui attendent l'arrivée de l'intelligence.

Freeman Dyson, *Les Dérangeurs de l'univers*, traduction Odile Laversanne, Payot, Paris, 1986

Nous ne sommes pas seuls dans l'univers

Jean Heidmann est l'un des partisans les plus éloquents de la recherche de signaux extraterrestres en provenance d'étoiles lointaines. Il croit fermement que la «bioastronomie», la science de la vie dans l'univers, permet de penser que d'autres êtres intelligents existent dans le cosmos.

Vers quelles découvertes allons-nous? Arriverons-nous à fabriquer la molécule organique qui s'autoreproduit? Découvrirons-nous une vie fossile sur Mars que semble présager la météorite ALH 84 001 ? Capterons-nous un signal artificiel ? Trois questions qui rappellent l'importance des trois piliers qui ont permis la naissance de la bio-astronomie : la biophysique macromoléculaire, l'exploration spatiale et la radio-astronomie. Mais il est bien d'autres points en suspens : trouvera-t-on une véritable planète de type terrestre autour d'une étoile, des acides aminés dans l'espace interstellaire, ou de l'adénine sur Titan ? Construira-t-on des récepteurs avec des dizaines de milliards de canaux d'écoute simultanés ? Rapportera-t-on des échantillons de sol cométaire dans nos laboratoires ? Saura-t-on si la vie a trouvé refuge dans les fonds océaniques lors de la phase finale du bombardement primordial ? Réussirons-nous à gérer convenablement l'annonce de la découverte d'un éventuel signal ?

À plus long terme, dans une vision plus profonde et plus fondamentale encore, arriverons-nous à dénouer les tours et les détours que les évolutions du cosmos, de la vie et de l'intelligence ont empruntés pour en arriver là où ils sont, après quinze milliards d'années ? Serons-nous capables de repérer et d'évaluer les écueils incroyables que ces évolutions ont dû contourner pour produire un si extraordinaire univers ? Y en a-t-il d'autres, en nombre indéfini, moins chanceux et moins réussis, pour compenser notre réussite ? Et surtout, y en a-t-il d'autres largement supérieurs au nôtre ? Sans aller déjà à la recherche d'univers parallèles, posons-nous la question de savoir si, dans le cosmos dont nous disposons, avec ses cent milliards de galaxies, il existe des intelligences supérieures à la nôtre. Avec SETI, fondé sur la bio-astronomie, nous avons, en cette fin de XXe siècle, la possibilité et l'espoir de trouver une réponse. Et peut-être d'apprendre, pour notre plus grand bien. Résolus, tous ces problèmes devraient nous éclairer sur notre place dans l'univers et sur notre avenir. Mon sentiment est que nous ne devrions pas être seuls dans cet univers. C'est pourquoi il faut absolument chercher et ne pas se fermer à une si formidable aventure. Le tout récent paradigme du cosmos biologique ne peut que nous encourager dans cette voie prometteuse ; si nous arrivons à accomplir une première détection de civilisations extraterrestres, d'autres suivront en grand nombre dans les années suivantes. Nous pourrons alors envisager de former un nouveau peuple, un peuple interstellaire, avide de faire connaissance et nous nous étonnerons que cette nouvelle richesse n'ait pas été recherchée avec plus de résolution.

Jean Heidmann,
Intelligences extra-terrestres,
Éditions Odile Jacob, Paris, 1992

«Contact»

Que se passerait-il si le signal tant recherché était découvert un jour ? Carl Sagan, l'un des plus grands scientifiques associés à la découverte spatiale de l'univers, a choisi la forme de la science-fiction pour essayer de répondre à cette question. Son héroïne, Ellie Arroway, est une jeune astronome qui va découvrir le plan d'une machine espace-temps dans un message radio interstellaire.

Une légère rumeur d'excitation se mit à parcourir la salle de contrôle. Le visage d'Ellie elle-même laissa un instant échapper l'ombre d'une émotion profondément ressentie, mais elle reprit tout de suite une expression plus sobre, dans la crainte de se laisser entraîner, d'être ridicule et de manquer de rigueur scientifique.

«C'est bien. Voyons maintenant si nous pouvons procéder à un nouveau résumé de la situation, dans les termes les plus simples. Dites-moi si j'oublie quelque chose. Nous recevons un signal d'une extrême puissance, pas parfaitement monochromatique. Dans le voisinage immédiat de la bande passante de ce signal, nous ne trouvons rien sinon un bruit de fond. Le signal est polarisé linéairement, comme s'il était émis par un radiotélescope; il est de l'ordre de neuf gigahertz, assez près du minimum par rapport au bruit de fond galactique. C'est le type de fréquence qu'emploierait quiconque voudrait communiquer sur de grandes distances. Nous avons confirmation du mouvement sidéral de la source, qui se déplace comme si elle avait son origine parmi les étoiles et non dans un émetteur local. Au NORAD, ils affirment qu'ils n'ont détecté aucun satellite – américain ou autre – qui coïncide avec la position de cette source. De toute façon, l'interférométrie exclut toute source d'origine circumterrestre.

«Steve vient de vérifier le recueil des données en mode non automatique et il ne semble pas que nous ayons affaire à un programme glissé dans l'ordinateur par quelqu'un au sens de l'humour un peu particulier. La région du ciel vers laquelle nous sommes pointés comprend Véga, une étoile naine de séquence principale A-zéro. Elle n'est pas exactement comme le Soleil, mais elle ne se trouve qu'à vingt-six années-lumière, et elle présente l'anneau de débris stellaires typique. On ne lui connaît pas de planètes, mais il pourrait s'en trouver, rien ne prouve le contraire. Nous mettons en place une étude du mouvement propre pour vérifier si la source ne se trouverait pas bien au-delà de notre ligne de mire jusqu'à Véga, et nous devrions avoir la réponse dans… dans quel délai ? En quelques semaines si nous opérons avec notre seul matériel, en quelques heures si nous procédons à une interférométrie à très grande base.

« Finalement, ce que nous recevons semble être une longue séquence de nombres premiers, des entiers que l'on ne peut diviser par aucun autre nombre excepté eux-mêmes et un. Il n'est guère probable que des nombres premiers puissent être engendrés par des processus astrophysiques naturels. C'est pourquoi je dirai – tout en restant bien entendu extrêmement prudente – qu'avec les critères dont nous disposons actuellement ceci ressemble assez à… la chose.

« Cependant, l'idée qu'il s'agirait d'un message en provenance de types ayant évolué sur une planète quelconque autour de Véga pose problème ; cette évolution aurait dû en effet être très rapide.

Véga n'est vieille que d'environ quatre cents millions d'années.

C'est un endroit fort peu probable pour la civilisation la plus proche.

C'est pourquoi l'étude du mouvement propre reste essentielle.

De toute façon, je tiens beaucoup à vérifier de façon plus approfondie l'hypothèse d'un canular.

– Écoutez, fit l'un des hommes de l'équipe des quasars qui se tenait un peu en retrait. Il eut un geste du menton en direction de l'horizon occidental, où une légère bande rose trahissait l'endroit où le soleil venait de se coucher. Véga va se coucher dans environ deux heures. Elle s'est probablement déjà levée sur l'Australie. Pourquoi ne pas appeler Sydney et leur demander d'observer tant que nous aussi nous l'avons en vue ?

– Excellente idée. Ils ne sont qu'au milieu de l'après-midi et nous allons avoir ensemble une assez grande base pour procéder à l'étude du mouvement propre. Donnez-moi le résumé de l'imprimante ; je vais aller le téléfaxer en Australie depuis mon bureau. »

Avec un calme délibéré, Ellie quitta le groupe qui s'était agglutiné autour des consoles et prit la direction de son bureau. Elle referma soigneusement la porte derrière elle, une fois entrée.

« Bon Dieu de bon Dieu ! » murmura-t-elle.

Carl Sagan, *Contact*,
traduit de l'américain par William Desmond, Ed. Mazarine, 1986

Annexes

■ Bibliographie ■

■ Intérêt général
• *Les Conquêtes de l'espace : raisons et passions d'un défi*, «Savoirs», Le Monde diplomatique et le CNES.
• Lebeau, André. *L'Espace en héritage*, Odile Jacob, Paris, 1986.
• Sagan Carl, *Pale Blue Dot : a Vision of the Human Future in Space*, Random House, New York, 1994.

■ Chapitre 1
• Arnaud, Jean-François, *Les Moissons de l'espace : recherche spatiale et vie quotidienne*, Plon, Paris, 1982.
• Baker, James, *Planet Earth : the View from Space*, Harvard University Press, Cambridge, Massachussets, 1990.
• Dupas, Alain, *L'Age des satellites*, Hachette Littératures, Paris, 1997.
• McLucas, John, *Space Commerce*, Harvard University Press, Cambridge, Massachussets, 1991.

■ Chapitre 2
• Alexander, Kent, *The Space Station*, Gallery Books, New York, 1988.
• Dyson, George, *Darwin among the Machines : the Evolution of Global Intelligence*, Addison-Wesley, Reading, Massachussets, 1997.
• Kaku, Michio, *Visions : how Science Will Revolutionize the 21st Century*, Anchor Books, New York, 1997.
• Kurzweil, Ray. *The Age of Spiritual Machines : when Computers Exceed Human Intelligence*, Viking, New York, 1999.
• Lewis, Richard, *Space in the 21st Century*, Columbia University Press, Columbia, 1990.
• Shipman, Harry, *Humans in Space : 21st Century Fronties*, Plenum Press, New York, 1989.
• Smolders, Peter, *Living in Space : a Manuel for Space Travellers*, Airlife Publishing. Shrewsbury, Grande-Bretagne, 1986.
• Stine Harry, *Halfway to Anywhere : Achieving America's Destiny in Space*, Evans, New York, 1996.

■ Chapitre 3
• Finney, Ben et Jone, Eric, *Interstellar Migration and Human Experience*, University of California Press, Berkeley, California, 1985.
• Glaser, Peter; Davidson, Frank et Csigi Katinka, *Solar Power Satellites : a Space Energy System for Earth*, Wiley, New York, 1998.
• Koppeschaar, *Moon Handbook : a 21st Century Travel Guide*.
• Lewis, John et Lewis, Ruth, *Space Ressources : Breaking the Bonds of Earth*, Columbia University Press, New York, 1987.
• Lewis, John, *Mining the Sky : Untold Reches from the Asteroids, Comets and Planets*, Addison-Wesley, Reading, Massachussets, 1996.
• O'Neill, Gerard, *The High Frontier : Human Colonies in Space*, William Morrow, New York, 1977.
• Stine, G. Harry, *The Third Industrial Revolution*, Putnam, New York, 1975.
• Vajk, Peter, *Doomsday Has Been Cancelled*, Peace Press, Culver City, Californie, 1978.
• Zubrin, Robert et Schmidt, Stanley (sous la direction de), *Islands in the Sky : Bold New Ideas for Colonizing Space*, Wiley, New York, 1996.
• Zubrin, Robert, *The Case for Mars. The Plan to Settle the Red Planet and Why we Must*, Free Press, New York, 1996.

■ Chapitre 4
• Asimov, Isaac, *Civilisations extraterrestres*, L'Etincelle, Montréal, 1979.

- Barnes-Svarney, Patricia, *Asteroid : Earth Destroyer or New Frontier?*, Plenum Press, New York, 1996.
- Barrow, John, *Theories of Everything : the Quest for Ultimate Explanation*, Clarendon Press, Oxford, 1991.
- Berry, Adrian, *The Giant Leap : Mankind Leap for the Stars*, Headline, Londres, 1999.
- Bracewell, Ronald, *The Galactic Club : Intelligent Life in Outer Space*, W. H. Freeman & Co, San Francisco, 1974.
- Croswell, Ken, *Planet Quest : the Definitive Guide to Scientific Exploration of the Universe and the Search for Life on Other Planets*.
- Drake, Frank et Sorel, Dava, *Is Anyone out There? : the Scientific Search for Extraterrestrial Intelligence*, Delta Book, New York, 1994.
- Dyson, Freeman, *Les Dérangeurs de l'univers*, Payot, Paris, 1986.
- Heidmann, Jean, *Intelligences extraterrestres*, Odile Jacob, Paris, 1992.
- Mallove, Eugen et Matloff, Gregory, *The Starflight Handbook : a Pioneer's Guide to Interstellar Travel*, Wiley, New York, 1989.
- Martin, A. R. (sous la direction de), *Project Daedalus*, Journal of the British Interplanetary Society (supplément), Londres, 1978.
- Norton, Richard, *Rocks from Space*, Moutain Press, Missoula, Montana, 1994.
- Ribes, Jean-Claude et Monnet, Guy, *La Vie extraterrestre*, Larousse, Paris, 1990.
- Sagan, Carl (sous la direction de), *Communications with Extraterrestrial Intelligence : CETI*, MIT Press, Cambridge, 1973.
- Sagan, Carl, *Cosmic Connection, ou l'appel des étoiles*, Editions du Seuil, Paris, 1975.
- Sagan, Carl, *The Voyager Interstellar Record*, Random House, New York, 1978.
- Shatzman, Evry, *Les Enfants d'Uranie : la recherche des civilisations extraterrestres*, Editions du Seuil, Paris, 1986.
- Shklovskii, I. S., et Sagan, Carl, *Intelligent Life in the Universe*, Delta Book, New York, 1966.
- Steel, Duncan, *Rogue Asteroids and Doomsday Comets : the Search for the Million Megaton Menace that Threatens Life on Earth*, Wiley, New York, 1995.
- Verschuur, Gerrit, *Cosmic Catastrophes*, Addison-Wesley, Reading, Massachussets, 1978.

■ Table des illustrations ■

■ Avant-propos
1 Vaisseau spatial arrivant sur le satellite d'une étoile géante. © Cosmos/SPL/David Hardy.

■ Page de titre
3 Planète imaginaire autour d'une étoile double avec une géante rouge, peinture de Ron Miller. Coll. Alain Dupas. © Ron Miller.

■ Chapitre 1
6-7 Vue d'artiste du satellite ERS-1 au-dessus des Pays-Bas, mis en orbite en juillet 1991. © ESA.
8-9 Antennes paraboliques à Lezha, Albanie. © Magnum/Alex Majoli.
10 Image en fausses couleurs de la topographie des océans révélant les irrégularités de la surface terrestre, établie à partir de mesures prises par le satellite ERS-1. © ESA/D-PAF (GFZ Potsdam).
11 Test d'un satellite dans une chambre anéchoïque. © Cosmos/SPL/Rosenfeld Images LTD.
12h Titre d'un article de Arthur C. Clarke dans la revue *Wireless World, Radio and Electronics,* octobre 1945.
12b Arthur C. Clarke dans sa bibliothèque, 1982. © Imapress/Julian Herbert.
13 Supporters nigériens regardant la Coupe du Monde de football, le 13 juin 1998, à Lagos, Nigeria. © AFP/Issouf Sanogo/IS/ac.
14 Fibres optiques. © Alcatel Câbles et Composants.
15 Salle de contrôle des chaînes de télévision numérique chez Astra, Betzford, Luxembourg. © SES/ASTRA.
16-17 Carte de la couverture du satellite Hot Bird-I de la société Eutelsat. © Eutelsat.

18 Homme téléphonant avec un mobile devant la Grande Muraille de Chine. © TDCOM-Santeny.
19 Le chef des rebelles rwandais Paul Kagame utilisant un téléphone par satellite Inmarsat, Rusumo, Rwanda, le 7 mai 1994. © MAXPPP/Reuters/Buchi.
20-21 Constellation de satellites Skybridge, vue d'artiste. © Alcatel Espace.
22 Système GPS au service de la vigne, Napa Valley, Californie, juin 1998. © Corbis-Sygma/Dan Krauss.
23g Conduite automobile assistée par GPS. © Corbis-Sygma/Patrick Durand.
23d Première montre intégrant un GPS présentée par la société Casio, Tokyo, 27 avril 1999. © MAXPPP/Reuters/Eriko Sugita.
24 Troupes italiennes de la Kfor au Kosovo, juillet 1999. © Magnum/Abbas.
25 Missile de croisière Tomahawk, guerre du Kosovo, mars 1999. © MAXPPP/Reuters/US Navy.
26-27 Trou dans la couche d'ozone au-dessus de l'Antarctique, le 7 octobre 1995, cartographie établie à partir des mesures effectuées par le satellite ERS-2. © ESA.
28 Ile James Ross dans l'Antarctique, image prise par le satellite Spot, 1989. © Explorer/CNES distr. Spot Image.
29 Images montrant la surface irrégulière des océans établies à partir des mesures du satellite ERS. © ESA.
30 Le cyclone Bonnie, photographié par Endeavour, septembre 1992. © NASA.
31 Le Vésuve en 3 D, image par interférométrie radar. © ESA/Polimil.
32 Intérieur du booster du futur lanceur Atlas-5 de Lockheed-Martin. © Lockheed-Martin Astronautics.
33 Signature du contrat de service pour le lancement de satellites Intelsat-IX par Ariane-5, 19 décembre 1997, Washington. © Arianespace.

■ Chapitre 2

36-37 Base en orbite autour de Mars, peinture de Robert McCall pour le rapport de la NASA *America's Space Exploration Initiative*, 1989. © NASA.
38-39 Base lunaire, vue d'artiste de Lionel Bret. © Eurelios/Lionel Bret.
40 Symbole du projet Pathfinder d'exploration humaine du système solaire conçu par la NASA, 1988. © NASA.
41 Equipage international à bord de la station spatiale Freedom, vue d'artiste de Harold Smelcer, 1990. © NASA.
42 Entraînement de l'équipage de la Station spatiale internationale (ISS) au Neutral Buoyancy Laboratory, Johnson Space Center, Houston. © NASA.
43 Schéma des différents modules composant la future ISS. © NASA.
44 Physique des fluides en microgravité : liquide porté à ébullition. © NASA.
45 Concept de l'expérience en microgravité Pharao, illustration de D. Ducros. © CNES/D. Ducros.
46 Avion de ligne Lockheed «Constellation» de la TWA à l'aéroport du Bourget, début des années 1950. © Roger-Viollet.
47 Hôtesses de l'espace, image extraite du *Cinquième Elément* de Luc Besson, 1997. © Collection Christophe L.
48 Projet de démonstrateur technologique de lanceur réutilisable (ARES), vue d'artiste. © Aérospatiale Matra Lanceurs et Schweyckart.
49 Prototype X-33 du futur avion spatial Venture Star, vue d'artiste. © NASA.
50 Sally Ride à bord de Challenger, 1983-1984. © Ciel et Espace/NASA.
51g *Pioneering the Space Frontiers*, rapport de la Commission nationale sur l'espace, 1986. © NASA.
51d *America's Space Exploration Initiative*, rapport de la NASA, 1989. © NASA.
52 Module arrivant sur Mars, peinture de Pat Rawlings in *Beyond Earth's Boundaries-Human Exploration of the Solar System*, rapport de la NASA, 1988. © NASA/Pat Rawlings.
53 Expédition humaine sur Mars, Valles Marinaris, *idem*.
54 Observatoire astronomique sur la face cachée de la lune, peinture de Mark Dowman et Doug McLeod, *idem*. © NASA/Mark Dowman et Doug McLeod.
56-57 Voyage dans le corps humain, image extraite du *Voyage fantastique*, de Richard Fleischer, 1965. © Collection Christophe L.
58 Le robot Robby, image extraite de *Planète interdite* de Fred M. Wilcox, 1956.

© Collection Christophe L.
59 Robot androïde Cog conçu par le MIT
(Massachusetts Institute of Technology).
© Cosmos/SPL/S. Ogden.
60 Drone miniature MAV conçu par
le Lincoln Laboratory du MIT.
© Reprinted with permission of MIT
Lincoln Laboratory, Lexington,
Massachusetts.
61 Sonde Champollion sur une comète,
peinture de Pat Rawlings. © NASA/
Pat Rawlings.
62-63 Robot transmettant en direct des
images de la Lune sur un site internet.
© LunaCorp.

■ Chapitre 3
68-69 Vue de Biosphere-II, expérience
de système écologique clos, près de Tuson,
Arizona. © Cosmos/Peter Menzel.
70-71 Exploitation minière sur un satellite
de Jupiter, image extraite de *Outland*, film
de Peter Hyams, 1981. © Collection
Christophe L.
72 Expédition sur Deimos, peinture de Paul
Rossi (1960) dans le livre de Dandridge M
Cole, *Beyond Tomorrow*, 1965. © Paul Rossi.
73 Expédition de J.-L. Etienne en
Antarctique, 1994. © Corbis-Sygma/
Stéphane Compoint.
74 Panneau solaire dans l'espace envoyant
son énergie à la terre, vue d'artiste, 1979.
© NASA.
75 Concept de satellite à énergie solaire,
peinture de Pat Rawlings. © NASA/SAIC/
Pat Rawlings.
76 Tokamak supraconducteur Tore-Supra
installé au Commissariat à l'énergie
atomique, Cadarache. © CEA.
77 Roche lunaire prélevée par la mission
Apollo-12, novembre 1969. © Ciel et
Espace/NASA.
78-79 Système terre-lune montrant la
déformation de l'espace-temps en fonction
de la masse des planètes, infographie
d'Aubin Leray. © Gallimard Jeunesse.
80g Portrait de Gerard K. O'Neill.
© American Institute of Physics/
Emilio Segré Visual Archives.
80d Colonie de O'Neill, peinture de Walter
Zawojski en couverture de *Physics Today*,
septembre 1974. © Reprinted with

permission from American Institute
of Physics, 1999.
81 Colonie sur un astéroïde, illustration
de Roy G. Scarfo extraite du livre de
Dandridge M. Cole, *Beyond Tomorrow*,
1965. © Roy G. Scarfo.
82 Robert Zubrin en 1995 dans son
laboratoire de Martin Marietta, Colorado.
© Robert Zubrin.
82-83 Expérience de vie en milieu confiné,
Biosphere-II, 1997. © Cosmos/SPL/Martin
Bond.
84 Fusée K-1 entièrement réutilisable
avec ses trois moteurs NK-33. © Kistler
Aerospace Corporation.
85 Projet d'avion spatial réutilisable,
peinture de Pat Rawlings. © NASA/SAIC/
Pat Rawlings.
86 Humains sur Mars, scène extraite de
Total Recall, film de Paul Verhoeven, 1990.
© Collection Christophe L.
87 Apparition des océans sur Mars, vue
d'artiste. © Ciel et Espace/J. M. Joly.

■ Chapitre 4
92-93 Vaisseau traversant un «trou de ver»,
peinture de Matt McMullen. © Matt
McMullen.
94 Distribution des comètes dans le nuage
de Oort, vue d'artiste. © Ciel et espace/APB/
S. Numazawa.
95 Etoile brillant au fond d'un «trou de ver»,
peinture par M2 Art. © M2 Art.
96h Vaisseau spatial Daedalus, peinture
de David A. Hardy d'après le projet
de la British Interplanetary Society.
© Cosmos/SPL/David A. Hardy.
96b Affiche de la mission Deep Space-1
réalisée à la manière des magazines pulp
des années 1930. © NASA.
97 Production des premiers antiatomes au
CERN, laboratoire européen en physique
des particules, Genève, 1995. © Cosmos/
SPL/David Parker.
99g Homme-robot, image extraite de
Terminator II, film de James Cameron, 1991.
© Collection Christophe L.
99d John von Neumann (1903-1957).
© Cosmos/ SPL/Los Alamos National
Laboratory.
100 Image extraite d'*Armageddon*, film de
Michael Bay, 1998 © Collection Christophe L.

101 Impact d'astéroïdes, vue d'artiste.
© Ciel et Espace/APB/S. Numazawa.
102h Astéroïde rentrant en collision avec la terre, vue d'artiste. © Ciel et Espace/APB/S. Numazawa.
102b Les astéroïdes Mathilde, Gaspra et Ida. © Ciel et Espace/NASA.
103 Meteor Crater dans l'Arizona © Ciel et Espace/A. Ciron.
104-105 Vaisseau interstellaire, peinture de David A. Hardy. © Cosmos/SPL/David A. Hardy.
106 Image extraite de *Perdus dans l'espace*, film de Stephen Hopkins, 1998. © Collection Christophe L.
107 Vaisseau près d'un «trou de ver», peinture de David A. Hardy. © Cosmos/SPL/David A. Hardy.
108 Vue de l'European Southern Observatory (ESO) au Chili. © Ciel et Espace/Serge Brunier.
109 Vie extra-terrestre sur une planète imaginaire dans un amas globulaire d'étoiles, peinture de David A. Hardy.
© Cosmos/SPL/David A. Hardy.
110 Superman enfant, image extraite de *Superman*, film de Richard Donner, 1979. © Collection Christophe L.
111 Image extraite de *Contact*, film de Robert Zemeckis, 1997. © Collection Christophe L.
112 Les derniers feux du soleil, peinture de Lionel Bret. © Eurelios/Lionel Bret.
113 Vue complète de la Voie lactée obtenue à partir d'images du satellite infrarouge Iras-II. © NASA.

■ Couverture
1er plat Vignette : Hôtel en orbite dans l'espace, projet de Shimizu Corporation, 1992. © Corbis-Sygma/P. Toutain-Dorbec/Shimizu Corporation.
Fonds : Eclaté isométrique de l'ISS.
© NASA.
2e plat Constellation de satellites Skybridge, vue d'artiste. © Alcatel Espace.
Dos Vue d'artiste du système solaire.
© Ciel et Espace/APBS/S. Numazawa.

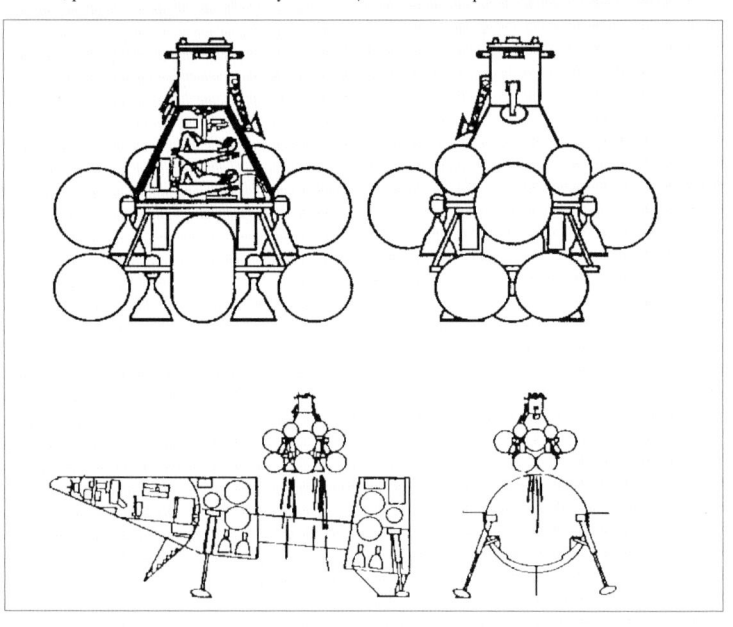

Index

A

ACES, système 19.
Aérospatiale Matra 19, 49.
Afristar, satellite 16.
Aldrin, Buzz 56.
Alpha du Centaure, étoile 104.
Antarctique 29.
Antimatière 96, 97, 97.
Apollo, programme 42, 50, 53, 54.
Apollo-12, mission 76.
Arecibo, radio-télescope de (Puerto-Rico) 55.
ARES, projet (Atmospheric Reentry Experimental Spaceplane) 48.
Ariane-5, fusée 32, 33, 43, 46, 49, 50.
Arianespace 32, 33.
Armageddon (Michael Bay) 100, 101.
Armstrong, Neil 56.
Asimov, Isaac 12, 98, 107.
Astéroïde 80, 81, 100, 101, 101, 102-103.
Astra, satellites 15, 15.
Astrolink, réseau 20.
Atlas-V, fusée 32, 33, 49, 57.
Attila, robot 59.
ATV, vaisseau (Automatic Transfer Vehicle) 43.

B - C

Babyloniens 113.
Barrow, John 109.
Besson, Luc 46, 47.
Beyond Earth's Boundaries-Human Exploration of the Solar System in the 21st Century (rapport de la NASA) 53.
Biosphere-II, expérience 71, 83.
Blade Runner (Ridley Scott) 98.
Boeing 32.
Braille, astéroïde 96.
Braun, Wernher von 42, 50, 72.
British Interplanetary Society 104.
Bush, George 41, 51, 51, 52.
Canal-Satellite, réseau 16.
Cassini-Huygens, sonde 58.
CD Radio, réseau 17.
CEA (Commissariat à l'énergie atomique) 76, 77.
Centrale solaire spatiale 74-75, 78, 79, 81.
CERN (Genève) 96, 97.
Challenger, navette 50, 50.
Champollion, sonde 60, 61.
CIA (Central Intelligence Agency) 30.
Cinquième Elément, Le (Luc Besson) 46, 47.
Clarke, Arthur C. 12-13.
CNES (Centre national d'études spatiales) 27.
Cog, robot 59.
Colonies spatiales 79, 80-83.
Comètes 60, 61, 100, 100, 101, 102, 103, 103.
Commission Nationale de l'Espace (NSC) 50, 51, 51.
Constellation, avion 46.
Contact (Richard Zemeckis) 111.
Coupe du Monde de football 13, 14.
Cyborg 98, 98.
Cyclone Bonnie 31.

D - E

Daedalus, vaisseau spatial 96, 104.
Darwin, projet 108.
DASA, société 49.
Deep Space One, sonde 96, 96.
Deimos, planète 73.
Delta-2, fusée 58.
Delta-4, fusée 32, 49.
2001 : Odyssée de l'espace (Stanley Kubrick) 12, 111.
Dick, Philip 86.
DirecPC, satellite 15.
Donner, Richard 110, 111.
Drones 25, 60, 60.
Dune (Frank Herbert) 107.
Dyson, Freeman 99, 100, 112, 113.
EAST, système 19.
Echostar, satellite 15.
Effet de serre, gaz à 26, 30.
Einstein, Albert 79, 97, 106.
Ellipso, constellations 18.
Endeavour, navette 31.
Endymion (Dan Simmons) 107.
Envisat, satellite 25.
ERS, satellites 25, 29.
ERS-1, satellite 8.
ERS-2, satellite 26.
ESA (Europan Space Agency) 26, 28, 31.
ESO (European Southern Observatory) (Chili) 108, 108.

Europa, planète 60, *63*, 107.
Eutelsat, société 15, *16 ,17*.
Extra-solaires, planètes 108, *108*.
Extra-terrestre, vie 108, 109-111, 112.

■ F - G ■

Fibre optique 14, *14*, 18.
Fleischer, Richard 57, *57*.
FLTP, projet (Future Launcher Technology Program) 49.
Fondations (Isaac Asimov) 107.
Forward, Robert *100*.
Foster, Jody *111*.
Future X, programme *85*.
Gagarine, Youri 47.
Gaia, projet *108*.
Galileo, réseau 23.
Galileo, sonde 58, 60, 61, 103.
Gates, Bill 20.
Gidzenko, Youri *43*.
Glaser, Peter 74, 75, *75*, 79, 81, 96.
Globalstar, constellations 18, *19*, 31.
Goldin, Daniel 31.
Golfe, guerre du *24*.
GPS, système (Global Positioning System) 21, 22-23.
GSM, téléphones *18*, *19*.
Guidoni, Umberto *43*.

■ H - I ■

H-2, fusée 43.
Hardy, David A. *108*, *109*.
Hawking, Stephen 106.
Heidmann, Jean 109.
Hélium-3 76-77, 78.
Herbert, Frank 107.
Hopkins, Stephen *106*.
Hot Bird-1, satellite *16*, *17*.
Hubble, télescope 103, 108.
Hyperion (Dan Simmons) 107.
ICO, constellations 18, *19*.
Inmarsat, organisation 18, 19, *19*.
Intelsat, satellites 13, 18.
Intelsat-IX, satellite *33*.
International Launch Systems, société 32.
Internet, liaisons 11, 20-21, 62, *62*.
Interstellaires, traversées 104-105, *106*.
Iras-II, satellite infrarouge *113*.
Iridium, système 18, *18*, *19*, 31.
ISS (International Space Station, Station spatiale internationale) 40-45, 49, 50-51, 54, 55, 56, 57, *74*, 83.

■ J - K - L ■

Jupiter 58, 60, 61, *62*, 63, *71*, 108.
K-1, fusée réutilisable *85*.
Kardachev 111, 113.
Kelly, société 84, 85.
Kennedy, John F. 12, 41, 51, *51*, 52.
Kistler, société 84, *84*, 85.
Kobé, tremblement de terre de 19.
Korolev, Sergueï 57.
Kosovo, guerre du 25, *25*.
Krikalev, Serguei *43*.
Lagrange, points de *79*, 82.
Landsat, satellites 27, 28.
Landsat-1, satellite *28*.
Lockheed-Martin, société 32.
Lunaire, base *38*, 54-55, 81.
Lune 42, 45, *50*, 51, *51*, 56, 58, 62, *62*, *63*, 72, 76-79, 110.

■ M - N - O ■

Magellan, sonde 53, 60, 61.
Mariner, sonde 60.
Mars *38*, 42, *50*, 51, 52-53, 56, 58, 60, 63, *63*, 82-83, 84, 86-87, 97, 107, 108.
Mars Pathfinder, sonde 58, *62*.
Mars Society 82.
McCall, Robert *38*.
McCraw, Craig 20.
Meteor Crater (Arizona) *102*, *103*.
Météorologiques, satellites 25, 28, 29, *30*.
Météosat, satellites 25.
Metop, satellites 25.
Microgravité 44-45.
Militaire, surveillance 24-25.
Mir, station 44, 53.
Mission to Planet Earth, programme 28.
MIT (Massachussets Institute of Technology) 59, *60*, 61.
Moore, loi de 56.
NASA *28*, 31, 40-41, 42, *42*, *43*, 44, 45, 48, 49, *49*, 50-52, 53, 54, 58, 74, 75, *75*, 80, 96, *96*.
NASA 102.
NEO (Near Earth Objects) *103*.
Neptune 60, 77.
Neumann, machines de John von 98-99.
Neutral Buoyancy Facility (Johnson Space Center) *42*.
NGST (New Generation Space Telescope) 108.
Nuage noir (Fed Hoyle) *109*.
Observation, satellites d' 24-31.
O'Neill, Gerard 79, 80-81, 82, 96, 100.

Oort, ceinture de 95, 100.
Outland (Peter Hyams) 71.
Ozone, couche d' 26, 26, 27.

■ P - R ■

Paine, Thomas 50.
Pathfinder, projet 41.
Verhoeven, Paul 87.
Perdus dans l'espace (Stephen Hopkins) 106.
Pharao, projet 44, 45.
Phobos, planète 84.
Physics Today (revue) 79, 80.
Pioneer Rocketplane, société 84.
Pioneer, sonde 60.
Pioneer-Vénus, sonde 61.
Pioneering the Space Frontiers (rapport de la NASA) 51.
Planète interdite (Fred M. Wilcox) 59.
Planète vivante, programme 28.
Pluton 100, 101, 104.
Poséidon, satellite 25.
Proteus, plate-forme 58.
Proton, lanceur 32, 43.
R-7, fusée 57.
Radio par satellite 11, 16, 17, 20.
Rawlings, Pat 85.
Reagan, Ronald 41, 50.
Ride, Sally 50, 51, 51.
Robinson, Kim Stanley 87.
Robots spatiaux 58-63.
Rosetta, sonde 61.
Rossi, Paul 73.
Rotary Rocket, société 84.

■ S - T ■

Sagan, Carl 109, 111, 111.
Saliout, station 53.
Satellite ERS-1 11.
Saturne 58, 60, 62, 63.
Science (revue) 74.
Scott, Ridley 98.
Sea Launch, société 32.
SETI (Search for Extra Terrestrial Intelligence) 110, 111.
Sheperd, William 43.
Shoemaker-Levy, comète 103.
Simmons, Dan 107.
Skybridge, constellation 20, 20, 21.
Smart One, projet 96.
Solar Probe, sonde 61.
Soleil 76, 97, 102, 104, 113.
Soyouz, lanceur (ou vaisseau) 32, 43, 43, 57.

SEI (Space Exploration Initiative) 51, 51.
Spaceway, réseau 20.
Spielberg, Steven 57.
Spot, satellites 25, 27, 28, 29, 30, 58.
Spoutnik 12.
Starsem, société 32.
Superman (Richard Donner) 111.
Teledesic, constellation 20.
Téléphone par satellite 11, 13, 17, 18-19, 20, 21.
Télévision par satellite 11, 13, 13, 14-15, 16, 17, 19, 20.
Terminator II (James Cameron) 98.
Terraforming 85-87, 98.
Thuraya, système 19.
Titan, planète 60, 107.
Titan-3, lanceur 58.
Tomahawk, missile de croisière 25.
Tore-Supra, supraconducteur 76, 77.
Total Recall (Paul Verhoeven) 87.
Tougouska (Sibérie) 101.
Tourisme spatial 47, 47, 63, 63.
TPS, réseau 16.
Trou de ver 95, 106, 106, 107.
Trou noir 106, 107.
Tsiolkovsky, Constantin 72, 96.
Turing, Alan 99.

■ U - Z ■

Unity, module 40.
Uranus 60.
Valles Marineris (Mars) 52.
Venera, sonde 61.
Venture Star, avion spatial 48, 49.
Vénus 60.
Vésuve, observation du 31.
Viking, sonde 58, 60.
Voie lactée 105, 113, 113.
Voyage fantastique, Le (Richard Fleischer) 57, 57.
Voyage intérieur, Le (Joe Dante) 57.
Voyager, sonde 60.
Wireless World (Arthur C. Clarke) 13.
Wirtanen, comète 61.
Worldspace, projet 16.
Wright, frères 47.
X-33, prototype 48, 48, 49, 50, 84.
XM Radio, réseau 17.
Yucatan (Mexique) 102.
Zarya, module 40.
Zemeckis, Richard 111.
Zenit, fusée 32.
Zubrin, Robert 82-83, 84, 85, 86, 87, 87, 96, 99.

DÉCOUVERTES GALLIMARD
UNE AUTRE HISTOIRE DE L'ESPACE

DIRECTION : Elisabeth de Farcy.
COORDINATION ÉDITORIALE : Anne Lemaire.
GRAPHISME : Alain Gouessant.
PROMOTION & PRESSE : Valérie Tolstoï.
FABRICATION : Nadège Grézil.
SUIVI DE PRODUCTION : Madeleine Gonçalves.

LE VILLAGE INTERPLANÉTAIRE

ÉDITION : Michèle Decré-Cyssau.
ICONOGRAPHIE : Any-Claude Médioni.
MAQUETTE ET MONTAGE PAO : Valentina Leporé.
LECTURE-CORRECTION : Jocelyne Marziou et Catherine Lévine.
PHOTOGRAVURE : Arc-en-Ciel.

Tous droits de traduction
et d'adaptation réservés pour tous pays
© Gallimard 1999
Dépôt légal : octobre 1999
ISBN : 2-07-053483-9
Numéro d'édition : A53483
Imprimé par Editoriale Lloyd, Italie.